把玩件把玩
收藏知识百科

Ba Wan Jian Ba Wan
shoucangzhishibaike

◉肖秀梅 主编

中国文化艺术出版社

前言

中国的玉石雕刻有着悠久的历史，而且是中国特有的独门绝技。玉雕作品形式多样，表现手法内容丰富。把玩件是众多雕刻件中的一部分，雕刻的材质品种多，内容广，不论从雕工和表现内容，从古到今无不为文人雅士所喜爱。把玩件把玩的是一种心情、一种爱好、一种精神的慰藉。前几年，人们的注意力主要集中在宝玉石的首饰品和一些小的挂件上。

近两年把玩件逐渐兴起，在市场中占有的份额越来越多，引起很多人的爱好和收藏。收藏肯定是要真、好。随着科技的发展，宝玉石作假的手法越来越高明，甚至从事多年的行内人士都可能被蒙蔽，很多消费者和收藏爱好者即使喜欢但也苦于不知从何下手。

为了给广大消费者和收藏爱好者提供一些有益的资料，作者凭着多年的鉴定和市场经验编写本书，对市场上常见把玩件品种、市场上常见的优化方法、处理方法（常见的作假方法和手段）、与相似品和仿制品的鉴定、收藏评价、保养、鉴赏等内容进行了详细的讲解，尽可能全面的提供普通消费者所要了解的内容。但要真正的掌握鉴定方面和收藏方面的知识，还需要大量的实践，多学习多看，是一个知识积累循序渐进的过程，切不可听信他人之言。总之希望本书能为广大的把玩件爱好和收藏者提供有益的帮助，你们在购买把玩件时少花冤枉钱、少走弯路就是我们的心愿。

本书第一章把玩件综述由肖秀梅和崔文智编写。第三章翡翠把玩件、第四章彩石把玩件和第七章有机宝石把玩件由肖秀梅编写。第二章和田玉把玩件、第五章宝石把玩件由崔文智编写。第六章水晶把玩件由王晓华编写。第八章海南黄花梨把玩件由肖奕亮编写。最后本书全稿由肖秀梅统一审阅排版，修改部分文字，并增补部分图片。

本书在内容策划中得到天津地质研究院敬成贵院长、刘道荣副院长、罗天明副院长的支持，在图片收集中得到天津地质研究院珠宝鉴定部和天津珠宝街的大力支持，在此一并感谢。

目 录

天下收藏

一、把玩件

所谓把玩件就是通过特殊技艺制作出供人玩赏的小型雕刻件或打磨的溜光浑圆的玩件，能在手里摩挲和赏玩，也可以摆放在书桌或案几上鉴赏，大小一般不超过 10 厘米。把玩件一般都系上编织的五彩绳，以便用手抓摸；有的编一个绳圈套在手指或手腕上；或者串成珠串戴在手腕上。

其实把玩件不只有宝玉石材质的把玩件，还有天然的植物果实核雕把玩件，木质把玩件等。如现在市场上价格也比较高的黄花梨把玩件、核桃把玩件等。本书中都将一一介绍。

寿山石童子戏佛方章五枚

造型奇趣，反映 20 世纪 50 ～ 60 年代儿童生活，雕工细腻

唔见春心

阿卡红珊瑚，颜色好，意境好，块度大

巧雕寿山石把玩件窥视沐浴

巧色利用巧妙

红刚玉黝帘石童子拜寿小摆件

质地好，颜色正，雕工精美

含钛金，上下颜色有变化，长20厘米，是烟晶之精品。

烟晶佛

花青种翡翠仙鹤

绿色、白色体现出鹤的精美，通体
明亮，与外壳形成明显反差

翡翠巧雕一鸣惊人

喇叭造型，绿、白、黄三色，金蟾、
喇叭体现一鸣惊人主题

岫玉把玩件中国娃

反映上世纪中叶中国儿
童生活，题材与玉料搭配恰
当，头和身体巧雕利用合理，
是2010年天宫奖银奖作品

二、把玩件分类

把玩件可以按材质、雕刻题材内容等方式进行分类。

一 把玩件按材质分类

宝玉石把玩件按材质分类，基本应遵循宝玉石的国标分类。不过不是所有宝玉石都可以加工成把玩件，通常所有天然玉石和天然有机宝石都可以加工成把玩件。而天然宝石由于个体小，只有一小部分可以加工成把玩件，如水晶、碧玺、海蓝宝石、红宝石——黝帘石等。本书按照市场行情，根据相似性、重要程度等把材质分为六个大类进行详细介绍。主要有和田玉把玩件、翡翠把玩件、彩石把玩件、宝石

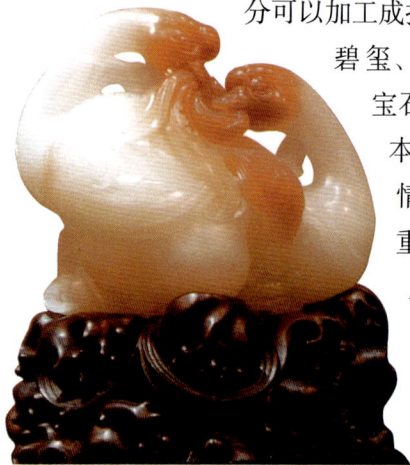

白玉巧雕红头双鹅

雕工精美

把玩件、水晶把玩件和有机宝石把玩件。其中彩石把玩件主要指寿山石、昌化石、巴林石和青田石把玩件。宝石把玩件主要指上面提到的碧玺、海蓝宝石和红宝石、黝帘石把玩件。

二 把玩件按雕刻题材分类

把玩件根据雕刻的题材类型分为各种题材的雕件、印章石、烟嘴、鼻烟壶、文房用品等和没有经过雕刻的磨得光滑的原石。中国是一个石文化有着悠久历史的国家，石雕艺术经久不衰，雕刻件可以按题材进一步细分，包括人物、动物、山水、花鸟等。人物用料一般都选用质地细腻、颜色均匀的石料。人物主要有佛、仙人、神话人物、仕女、老人、小孩、历史人物、现代人物等，人物造型面部表情刻画、神态、身材都要惟妙惟肖。动物类注重动物的习性、动静、自然、神态传神。主要有神话兽（如龙、凤、麒麟、辟邪、貔貅等），蝙蝠、鱼、牛、马、熊、虎、狗、猴等，有单件的或成套的。花鸟主要用于能三面观赏的料，颜色鲜艳、质地细腻、形状要饱满，少裂纹。主要造型有喜鹊、鸳鸯、孔雀、松柏、仙鹤、龟、灵芝、仙桃、佛手、葫芦、梅兰竹菊、牡丹等。不论哪种雕刻图案，总体表现出的寓意都是希望带来福气、带来长寿、带来富贵、带来喜庆、或表达个人修养等。山水把玩件以美丽的大自然为创意，创作出一幅幽静峡谷，给人丰富的遐想，如山子图，图案有人、山水、小桥等。印章石有六方平面的，还有古兽印钮章把玩件。甚者市场上常见的佛珠念珠等，其实也属于把玩件。

翡翠烟嘴

寿山石印钮
三枚不同颜色的寿山石雕刻有金鱼，寓意连年有余

象牙花开富贵鼻烟壶

5

三、把玩件雕刻的表现形式

一 表现方法

石雕是传统的民间雕刻艺术，在中国有着悠久的历史和丰富的资源。制作出的作品不仅题材丰富而且种类多。

◎ **吉祥图案**：是用人物、走兽、花鸟、器物等和一些吉祥文字，以民间传说和神话故事等为背景，通过借喻、比拟、双关、象征、谐音等表现形式，来寓意呈祥纳福、消灾避难之意，寄托人们祈求幸福长寿等美好的愿望。

◎ **谐音法**：利用一种事物的读音和某一吉祥用字或词同音或近音，表达吉祥用意。如蝙蝠谐音遍福，鱼谐音余，佛手谐音福。

◎ **借喻法**：直接借助有寓意的事物比喻吉祥等。如鸳鸯比喻夫妻恩爱，仙桃、松柏比喻长寿。

◎ **比拟法**：将人比作美好的事物或将美好的事物比作人。如牧童表示天下太平、麻姑表示长寿。

◎ **象征法**：借助于特定具体的事物，通过联想，把主观意识托附于客观事物，使特定的事物显现出抽象的意蕴，表达一定的吉祥寓意。如牡丹花象征富贵。

◎ **变形法**：将字直接变化成图案。如福、寿、万字图等。

翡翠福寿雕件

一只蝙蝠趴在寿星脸上，寓意福寿

二 表现形式

1. 福和富

◎ **蝙蝠**：一件雕件的图案雕刻着一只蝙蝠，它象征着幸福，如蝙蝠和荷花的图案就成了和福图。

◎ **鱼**：就是象征着富余。

◎ **如意**：象征着一切美好的愿望能够如你所愿。如果图案再加上百合、柿子就象征着百事如意。

◎ **佛手**：象征着福气。

◎ **白菜**：谐音佰财。

红翡如意把件

翡翠颜色橘红透亮，属于红翡，雕有灵芝，整体造型为如意

◎ **牡丹**：寓意富贵。

◎ **古钱**：寓意财富。

◎ **葫芦**：寓意加官进禄之意。

2. 长寿

◎ **松柏**：万古长青寓意长寿。

◎ **仙鹤**：传说这种动物有几千年的寿命。

◎ **灵芝**：人食之能长命百岁。

◎ **仙桃**：人食之长生不老。

◎ **龟**：长寿。

◎ **老寿星**：象征长寿和健康。

◎ **仙人**：神话传说的长生不老仙人，八仙、麻姑。

寿山石老寿星

质地细腻，白色巧雕十分夸张

3. 喜庆

◎ **喜鹊**：寓意喜事，如喜鹊登梅。

◎ **鹿**：谐音乐，也有禄的寓意。

◎ **石榴**：寓意喜笑颜开、多子多福。

◎ **蜘蛛**：寓意喜珠。

◎ **獾**：谐音欢。

◎ **葡萄**：寓意多子。

◎ **童子**：寓意多子和喜庆。

◎ **祥瑞仁兽**：麒麟、凤凰、龙。

翡翠麒麟谢瑞

绿色、紫色、白色三色翡翠镂雕，雕有灵芝、麒麟，寓意美好

4. 求官

◎ **猴子**：谐音侯。

◎ **鸡冠花**：寓意官。

◎ **三元**：寓意状元、会元、解元。

5. 个人修养

◎ **岁寒三友**：松竹梅。

◎ **四君子**：松竹梅兰。

◎ **四艺图**：琴棋书画。

◎ **五鹅图**：书圣王羲之爱鹅之说。

◎ **莲**：莲花出污泥而不染。

◎ **古诗词**：有文学修养。

观音多以滴水观音的形象出现。观音佛像是一类重要的造型，深受市场欢迎。

玉质洁白，温润细腻，致密光滑，50毫米×85毫米×31毫米，247.85克

白玉人财两旺手把件

◎ **福禄寿三星**：道教创造了福、禄、寿三星形象，迎合了人们的这一心愿，福禄寿三星，起源于远古的星辰自然崇拜。古人按照自己的意愿，赋予他们非凡的神性和独特的人格魅力。成为古代民间世俗生活理想的真实写照。禄星掌管人间的荣禄贵贱，又叫财神，头戴铁冠，黑脸长须，手执铁鞭，骑着一头老虎。寿星又叫南极老人，长寿的象征。寿星鹤发童颜，精神饱满，老而不衰，前额突出，慈祥可爱。福星手拿一个"福"字，禄星捧着金元宝，寿星托着寿桃、拄着拐杖。另外还有一种暗喻含义。"福如东海，寿比南山""三星高照"就是与福禄寿

翡翠雕件

竹笋白里透紫，竹叶绿色正饱满，水头好，小乌在竹笋边嬉戏

三　表现示例

1. 赐福人物神像类

◎ **观音佛像类**：观音佛把玩件有圆雕，高浮雕，浮雕等不同雕刻形式。佛经常以布袋佛的形象出现，

三星有关的吉利语。

◎**财神**：财神是中国民间普遍供奉的一种主管财富的神明，民间流传着多种不同版本的说法。

◎**正财神**：相传月财神姓赵名公明，又称赵公元帅、赵玄坛，长安（现西安）周至县赵代村人士，与文财神刘海共同修道于陕西西安户县石井镇阿姑泉武财神钟馗故里欢乐谷，故户县被称为财神故里、财神之乡。初五接财神，赵玄坛最受尊拜。许多商店、住宅都供奉他的木版印刷神像：玄坛面似锅底，手执钢鞭，身骑黑虎，极其威武。日春神青帝和月财神赵公明合称为"春福"，日月二神过年时常贴在门上。除了赵玄坛被尊为"正财神"外，民间还有"五显财神"、"文财神"和"武财神"。

白玉－羊脂白玉刘海戏金蟾手把件
50毫米×90毫米×26毫米

白玉－羊脂白玉白玉籽料财神手把件
50毫米×100毫米×33毫米，211.02克

◎**偏财神**：相对于正财神，偏财神是就财神所在的神像位置而言的。五显财神信仰流行于江西德兴婺源一带。兄弟五人封号首字皆为"显"，故称"五显财神"，也叫"五路神"。

◎**文财神**：财帛星君，也称"增福财神"，他的绘像经常与"福"、"禄"、"寿"三星和喜神列在一起，合起来为福、禄、寿、财、喜。财帛星君脸白发长，手捧一个宝盆，"招财进宝"四字由此而来。刘海也有称文财神的，刘海蟾被民间称为准财神。

◎**武财神**："武财神"即关羽关云长。传说关云长管过兵马站，长于算数，发明日清簿，而且讲信用、重义气，故为商家所崇祀，一般商家

以关公为他们的守护神，关公同时被视为招财进宝的财神爷。在深圳、广州沿海一带，商家供奉武财神关羽成为一景。钟馗也被奉为赐福镇宅的武财神。是中国传统文化中的"赐福镇宅圣君"。古书记载他系唐初长安终南山人，生得豹头环眼，铁面虬鬓，相貌奇异。然而却是个才华横溢、满腹经纶的人物。平素正气浩然，刚直不阿，待人正直，肝胆相照。钟馗是中国传统诸神中唯一的万应之神，要福得福，要财得财，有求必应。

象牙雕武财神
盘坐在莲花盆

爱财之心，人皆有之，佛国也不例外。佛门里的财神有：

◎ **北方多闻天王**：它是佛教四大天王之一，源于印度教中财神俱比罗，他既是北方的守护神，又是财富之神。敦煌壁画里毗沙门像，画的是他渡海布道、广散金银财宝的故事。所以，他最受人们欢迎。

◎ **善财童子**：传说，福城长者有五百个儿子，善财是他的小儿子。善财出生时，有很多珍宝从地下涌出，福城长者请来一位相士，相士为之取名叫"善财"。善财视财富为粪土，发势要修行成佛，他历尽了千辛万苦，参拜了比丘、长者、菩萨、婆罗门、仙人等 53 位名师，最后拜见了普贤菩萨，实现了成佛的愿望。观音菩萨身边的童男，就是善财童子。

◎ **罗汉类**：通常，藏传佛教崇奉，中国寺院中常供的罗汉有十大弟子、十六尊者和十八罗汉。十大弟子常见的主要是迦叶、阿难和舍利弗、目犍连两组，常作为释迦牟尼的胁侍出现。十六尊者是十六位受释迦牟尼佛嘱咐往世不涅的已证得阿罗汉果的佛弟子，十八罗汉乃世人于宋代于十六罗汉外另加降龙、伏虎二罗汉。有的则加入达摩多罗和布袋和尚，西藏地区则加入了摩耶夫人和弥勒。罗汉的形象一般都是出家比丘相，头部无须发，身着袈裟，全身无任何装饰，或坐或立，栩栩如生，是藏传佛教各类造像艺术中最为朴实无华的象征。

◎ **韦陀**：据传，释迦佛入涅时，邪魔把佛的遗骨抢走，韦陀及时追赶，奋力夺回。因此佛教便把他作为驱除邪魔，保护佛法的天神。从宋代开始，中国寺庙中供奉韦陀，称其为韦陀菩萨，常站在弥勒佛像背后，面向大雄宝殿，护持佛法。寺庙中韦陀的形象有讲究：如果韦陀杵扛在肩上，表示这个寺庙是大的寺庙，可以招待云游到此的和尚免费吃住三天；如果韦陀杵平端在手中，表示这个寺庙是中等规模寺庙，可以招待云游到此的和尚免费吃住一天；如果韦陀杵杵在地上，表示这个寺庙是小寺庙，不能招待云游到此的和尚免费吃住。

◎**八仙**：八仙有明八仙暗八仙之分，一般在玉佩中以暗八仙常见。所谓暗八仙是指以八仙手中所持之物：汉钟离持扇，吕洞宾持剑，张果老持鱼鼓，曹国舅持玉板，铁拐李持葫芦，韩湘子持箫，蓝采和持花篮，何仙姑持荷花组成的纹饰，即鱼鼓、宝剑、花蓝、荷花、葫芦、扇子、玉板、横笛俗称"暗八仙"。暗八仙为道教图案，又称为"道家八宝"。八仙过海各显神通，八仙祝寿是经典图案。

◎**济公**：原名李修元，南宋高僧，台山永宁村人。他破帽破扇破鞋垢衲衣，貌似疯癫，初在杭州灵隐寺出家，后住净慈寺，不受戒律拘束，嗜好酒肉，举止似痴若狂，是一位学问渊博、行善积德的得道高僧，被列为禅宗第五十祖，杨岐派第六祖，撰有《镌峰语录》10 卷，还有很多诗作，懂医术，为百姓治愈了不少疑难杂症。他好打不平，息人之净，救人之命。

罕见的石榴石佛
佛光、大肚，颜色深红，雕工一般

◎**女娲**：天上的大神女娲，用泥土做成泥娃娃，再赋予它们生命。从此女娲创造了人，人们世世代代繁衍生息，过着幸福的生活。然而，好景不长。有一年，火神祝融和水神共工打起仗来。共工把撑天的柱子不周山撞倒了，天塌下半边来，砸了很多窟窿，把地也砸裂了，地上的洪水及天河的水不停的漏下来，造成大地上水患、火海。女娲为了解救人类，决定采石补天，用五色石把天补起来，再用东海神龟的四只脚顶住苍天。眼看着补天的大功就要告成，却发现五色石不够用，大洞还没补好，慈悲的女娲只好牺牲自己的生命，用身体来补天上的大洞。经过几次努力，女娲终于补好了天，天地间恢复了宁静，还出现了五彩云霞。一切生物又都生机

形象夸张，巧雕，水头好
济公翡翠雕件

勃勃地活在大地上。女娲为人类和世界万物的生存而献身。

童子类

表现童子类题材的雕刻是宋元明清以来直至今日的重要内容。表现童子的题材有吉祥大利富贵纯真质朴的含义，常见的内容有招财进宝（童子拉车），童子祝寿，童子洗象，童子牧牛，摇钱树，童子戏佛，五子登科，善财童子，童子拜观音等等。

2. 经典传统历史人物

◎ **刘关张：**三国中英雄关羽是常见的形象，刘备及张飞极少单独出现，一般是桃园三结义的形象。

◎ **竹林七贤：**魏晋时期的山涛、阮籍、嵇康、向秀、刘伶、阮咸、王戎七人于竹林饮酒、抚琴、吟诗作乐为题材的超现实画面是经常表现的内容。

◎ **和合二仙：**是民间传说之神，主婚姻和合，亦作和合二圣。形象为两位活泼可爱，长发披肩的孩童，一位手持荷花，另一位手捧圆盒，盒中飞出五只蝙蝠，意为"和（荷）谐合（盒）好"。他们笑容满面，十分惹人喜爱，人们借此来祝贺新婚夫妇白头偕老，永结同心。

◎ **唐诗宋词故事人物：**这类诗词故事人物是子冈牌常见的表现内容，诗情画意。

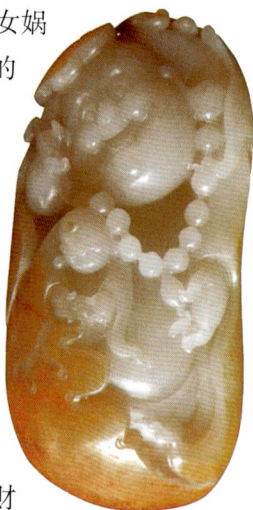

白玉籽料童子戏佛手把件
55毫米×103毫米×30毫米，314.15克

寿山石荔枝冻和合二仙
主体材质细腻，人物造型饱满，寓意和谐，巧色用在底座和身背的葫芦

3. 吉祥瑞兽类

◎ **螭龙：**关于螭龙有两种说法：一说传说中龙的来源之一，也称蚩尼，是一种海兽；二说是龙九子中的二子，古书中云："其二曰螭吻，性好望，今屋上兽头是也。"螭龙的形态似壁虎。

俏色白玉螭龙玉璧正面
质地细腻

辟邪、貔貅：辟邪南方人称貔貅。我国古代传说中的一种神兽，似狮而带翼。一角为"天禄"，二角为"辟邪"，无角叫"符拔"。辟邪形象发生重大转变是在唐朝，形象逐渐向狮子相近，而且开始

写实化。貔貅凶猛威武，古时候人们也用貔貅来作为军队的称呼。它有嘴无肛门，能吞万物而从不泻，可招财聚宝，只进不出，神通特异。辟邪、貔貅是把玩件的重要表现内容。

白玉貔貅手把件

质地细腻

◎ **金蟾**：三足金蟾：三腿的蛤蟆被称为"蟾"，传说它能口吐金钱，是旺财之物。古代有刘海修道，用计收服金蟾以成仙，后来民间便流传"刘海戏金蟾，步步钓金钱"的传说。传说吕洞宾弟子刘海功力高深，喜游四海，降伏妖魔，布施造福人世。一日，他降服了危害百姓的金蟾妖

俏色白玉金蟾佛手手把件

俏色分明，玉质细腻，线条流畅，刀工简练

精，金蟾因此受伤断一脚，所以日后只余三足。自此金蟾臣服于刘海门下，为求将功赎罪，金蟾使出

绝活咬进金银财宝，助刘海造福世人，发散钱财。金蟾的造型很多，一般为坐蹲于金元之上的三足蟾蜍，背负钱串，丰体肥硕，有"吐宝发财，财源广进"的美好寓意，民间有"得金蟾者必大富"也谚语。

◎ **麒麟**：麒麟是中国古籍中记载的一种动物，雄性称麒，雌性称麟。与龙、凤、龟共称"四灵"，是神的坐骑，古人把麒麟当作仁兽、瑞兽，是吉祥的象征，能为人带来子嗣。相传孔子将生之夕，有麒麟吐玉书于其家，上写"水精之子孙，衰周而素王"，意谓他有帝王之德而未居其位。此虽伪说，实为"麒麟送子"之本。从其外部形状上看，集龙头、鹿角、狮眼、虎背、熊腰、蛇鳞、马蹄、牛尾于一身，乃吉祥之宝。

◎ **鹿**：鹿象征着俸禄，富贵。常见题材有福禄寿，鹿鹤同春。

◎ **象**：象寓意吉祥，太平和官运财运，常见题材有吉祥如意，太平有象，封侯拜相等。

◎ **獾**：双獾寓意双欢，除獾外，现代也有演绎成双貔貅等瑞兽者，也是双獾之意。

◎ **蝙蝠**：是把玩件类雕刻题材中最常见的题材之一。象征着与幸福富贵有关的一切美好事物，常见表现形式有福禄寿，福从天降，福到眼前，五福捧寿，富贵缠身，代代有福等。

◎ **蝉**：蝉有清高，一鸣惊人寓意。红山文化、良渚文化出土的遗物中已发现有玉蝉，此后历经战国两汉及至明清一直连续不断。古人认为蝉性高洁，蝉在最后脱壳成为成虫之前，一直生活在污泥浊水之中，等脱壳化为蝉时，飞到高高的树上，只饮露水，

大金钱袋与相对灵秀小巧的鼠的各种惟妙性肖、生动有时甚至滑稽的动作组合是最具特征的聚财鼠形象，有时灵芝仙草及圆钱也是常见的陪衬题材。

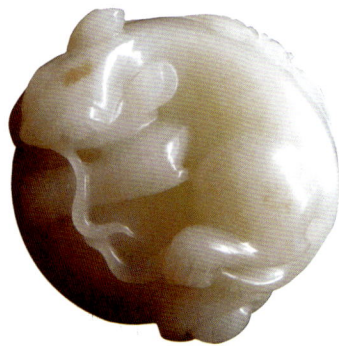

白玉聚财鼠圆雕手把件

◎**丑牛**：牛象征着勤劳，憨厚踏实和财富。在玉挂佩牌类上经常见童子牧牛的景象。小型摆件也常有卧牛的圆雕作品。

白玉母子牛手把件

◎**寅虎**：虎象征着财富，权威和成功，在雕刻技法上常以高浮雕及半圆雕单虎出现，在态势上有上山下山之分，均有威震山河，蓄势待发之意。往往有山石古树祥云甚至水浪的陪衬。也有圆雕形式。

◎**卯兔**：兔象征着勤劳温顺和合作，大大的肚子和长长的耳朵更象征着机警聪敏和富贵，手把件上用圆雕展现是常见的手法。

◎**辰龙**：龙象征着博大矫健，成功和权威。龙在中华文明史上代表着神圣与庄严，昭示着至高无上，更象征着皇权。从红山文化的玉猪龙历经各朝的演变，龙的形象由简单到复杂，由瘦小到健壮，人们对龙的形象是敬畏和尊仰。龙凤呈祥，二龙戏珠，府上有龙，鱼跃龙门等，是重要的题材。龙的形象经常以螭龙代表。望子成龙也是常见的一个题材，螭龙尾部爬一小螭龙扭曲身体回颈是基本造型。

◎**巳蛇**：蛇象征着柔顺进取和成功。在镂空类玉佩中四蛇弯曲盘转相互衔接意味四通八达，四方来财，是巳蛇的完美表达。

◎**午马**：马象征着健康，成功和财富。被认为是聪明、忠诚、勇敢而耐劳的动物，具有高贵、飘逸、优雅的气质。龙马精神，马到成功，马踏飞燕，马上发均是常见的重要题材。

◎**未羊**：羊象征着温顺和美，吉祥如意。羊羊（样样）如意，三羊开泰是未羊的常见题材，在手把件及玉挂佩牌上均有所见。

◎**申猴**：猴象征着机敏矫健，富贵与官运。马上封侯，代代封侯，封侯拜相，挂印封侯，布袋金钱猴，大圣祝寿等是猴生肖最重要和常见的题材。

◎**酉鸡**：鸡象征着吉祥幸福与官运。冠上加冠，连升三级，吉祥如意是鸡生肖常见题材。

◎**戌狗**：狗象征着勇敢机敏忠诚与富贵。在现代雕刻中，人财两旺（狗）是常见题材，作品中均以可爱的小狗出现。

◎**亥猪**：猪象征着富贵平安幸福。在把玩件中，圆雕立体招财猪是最常见的题材。

翡翠如意猪

一个大猪，四个小猪，憨态可掬

7. 八卦图类

◎**先天八卦图**：也叫伏羲先天八卦图，传为伏羲所作。由《河图》演化为先天八卦，八卦各有三爻，以"—"为阳，以"--"为阴，组成八卦。"乾、坤、震、巽、坎、离、艮、兑"分立八方，象征"天、地、雷、风、水、火、山、泽"八种性质与自然现象，象征世界的变化与循环，分类方法如同五行，世间万物皆可分类归至八卦之中，二进制与电子计算机发明便受八卦图的启发。从古至今八卦图的成因始终是一个谜团。古代常用八卦图作为除凶避灾的吉祥图案。《周易·说卦传》中有显示关于八卦图卦位具体位置的图腾属性说明，比如像"乾为马，坤为牛，震为龙，巽为鸡，坎为豕，离为雉，艮为狗，兑为羊。"又有"乾为首，坤为腹，震为足，坎为耳，离为目，艮为手，兑为口。"等等，如果将上述八卦图图腾属性组合在一起，便有了"乾，马首；坤，牛腹；震，龙足；巽，

鸡股；坎，豕耳；离，雉目；艮，狗手；兑，羊口。"

◎**后天八卦图**：后天八卦图又称文王八卦图，即震卦为起始点，位列正东。按顺时针方向，依次为巽卦，东南；离卦，正南；坤卦，西南；兑卦，正西；乾卦，西北；坎卦，正北；艮卦，东北。如象征节气，则震为春分，巽为立夏，离为夏至，坤为立秋，兑为秋分，乾为立冬，坎为冬至，艮为立春。

白玉天干地支太极八卦图

质地洁白、纯净

四、把玩件的盘玩

一 盘玉

把玩件是需要经常的盘玩才能更润泽。行内讲"人养玉三年，玉养人一生。"一般贴身放置，或者

时常用手摩挲盘玩以人气养之，就可以达到养心和润玉之目的了。清代收藏家刘大同在其描述的"古玉辨"中提出了文盘，武盘，意盘的概念。

对于古玉是要盘的，因其往往带有土锈色沁。一般必需的方法便是洗净、水煮，然后用白细皮细擦的方法，以求把古玉器外表的土锈去掉，让美丽自然的色沁呈现出来。这个去除土锈的过程就叫盘玉。古玉受色之处愈盘愈艳，可以显露出古玉器特有的那种沉稳温润感来。

翡翠带皮雕件
刻有"福"、"万事如意"，寓意美好

二 文盘

文盘，也叫缓盘，将玉放在一个布袋中，贴身而藏，用人体的温度，一年以后再在手上摩挲盘玩，直到恢

复它本来的面目，文盘耗时费力，往往三五年不能奏效，若是入土时间太长，盘玩时间往往几十年，南京博物馆内收藏一件清代出土的玉器，被盘玩的包浆润泽无比，专家估计这件玉器被盘玩了至少一个甲子（60年）以上。

富贵鸟，牡丹花寓意富贵
翡翠花开富贵

三 武盘

武盘，也叫急盘，所谓武盘，就是通过人为的力量，不断的盘玩，这种方法玉商采用较多，玉器经过一年的佩戴以后，硬度逐渐恢复，就用旧白布包裹，雇请人日夜不停的摩擦，玉器摩擦升温度，越擦越热，过了一段时间，就换上新的白布，

在一块山料中雕刻出山水、楼亭、松树，质地细腻，颜色发青
和田白玉山子

仍不断的摩擦，玉器受热可将玉器中的灰土陕速的逼出来，色芯不断的凝结，颜色越来越鲜亮，大约一年就可以恢复本来的原状。

（四） 意盘

意盘，将玉器放在手上，一边盘玩一边想着玉器的美德，不断地从玉器中吸取精华，养自身之气质，久而久之，玉器得到了养护，盘玉人的精神也得到了升华，达到玉人合一的高尚境界。意盘与其说是人盘玉，不如说是玉盘人。现代中多采用文盘结合武盘的方法，既贴身佩戴，也时不时拿出来盘玩，不论什么样的盘玩，新的玉器不可立刻盘玩，须贴身藏一年后方可盘玩为好。

寿山石刘海戏金蟾
金蟾、钱串寓意发财

五、把玩件的鉴赏

随着人们生活水平的提高，过去只能皇家和权贵们拥有的珠宝玉石，已逐渐步入平常百姓家中。不仅女士可以佩戴，男士也可以拥有；不仅可以在家中摆放欣赏，也可以随身携带把玩。把玩件的鉴赏因个人的喜好而不同，归纳起来有以下几方面。

一 鉴赏把玩件的材质美

和田玉、翡翠把玩件硬度高、韧性好，在把玩件中占的比例最大。和田玉之美在于它有着人体一样的油润的肌肤、幽雅的外表和丰富的内涵，承载着中华民族的文化和历史。翡翠之美不仅在于多彩的颜色，更在于它的细腻、温润，高贵的气质。而且随着你的不断盘玩，玉质会更加温润亮丽。就是没有经过任何雕刻的原石稍稍经过打磨拿在手里把玩都感觉润泽舒适。常常有人说，翡翠的绿色会随着人们佩戴的时间的越来越长，会长的越来越多。其实是由于长时间的把玩，玉石的油润度越来越好，地子和颜色互相照应的结果，颜色根本没有长。彩石把玩件虽没有玉石的硬度高、韧性好，但它们的美在于品种繁多，色彩瑰丽，石质油润，软硬适中，易于雕刻。宝石把玩件的美在于璀璨绚丽的色彩、明亮的光泽、清澈透明的质地。水晶把玩件的美在于晶莹剔透、内部包裹体的变幻无穷，令人产生无限的遐想。象牙的白、珊瑚的红、琥珀的黄、透以及有机宝石的不可再生性，都是令人爱不释手和赞美的。

使原来不好的颜色甚至是要去掉的颜色得到很好的利用，达到一个意想不到的效果。

翡翠巧雕手把件

寿山薄意雕

树枝、猴子、金黄色寓意金
猴祝寿，寿比南山

二 鉴赏把玩件的俏色美

俏色，是玉石本色之外的其他颜色。通过玉雕师的设计与琢磨，将本色和好色更加突出的表现出来，因此也叫巧用色。巧用色的工艺是玉雕中非常重要的技巧。不论哪种宝玉石雕件，利用宝玉石本身颜色的特点，经过设计师的精心设计，能使宝石的价值得到提升，甚至起到化腐朽为神奇的效果，

三 鉴赏把玩件的雕工美

俗话说玉不琢不成器，没有经过打磨和雕刻的玉石与岩石没什么区别，但经过玉雕师的精雕细磨后成为一件完美的工艺品，这就是雕工的魅力所在。把玩件的雕刻多为圆雕，外形圆润，适合把玩。部分浮雕。雕刻的人物惟妙惟肖，动物活灵活现，整个图案仿佛一个真实世界的再版。雕刻技法中的薄意雕是寿山石的一种独特的表现技法。薄意，即极浅薄的浮雕，因雕刻层薄而富有画意而得名。它融雕刻艺术和绘画艺术于一体，追求线条的流畅性，往往是几刀几笔带过，与其说是雕刻不如说是在石头上绘画。

和田玉精雕山子

有山、有水、有巨大的松树，意境优雅，雕工精美

四 鉴赏把玩件的寓意美

每一件把玩件都有一个图案，即有一个故事。不同的图案又带有不同含义，可以根据个人

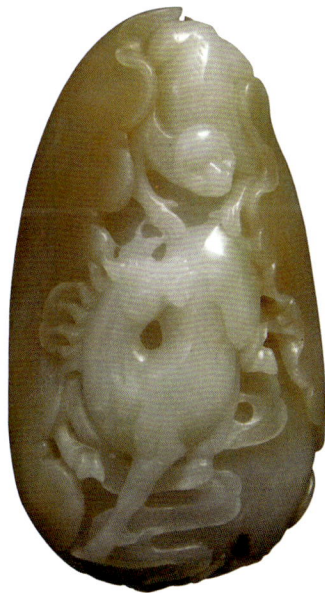

和田白玉马上封侯

用奔腾的骏马和调皮的猴子，寓意马上封侯，体现出中国传统文化，

的想法、个人的期盼、个人的爱好等选择图案，得到精神的慰藉和满足。

总之，宝玉石把玩件主要注重外形、玉质、雕工、寓意和把玩的手感。把玩把玩件，玩赏因人而异。有人喜欢把玩件的巧色、有人喜欢玩件的雕工，有人喜欢玩件的质地，有人喜欢玩件的创意，有人喜欢玩件的寓意，仁者见仁，智者见智。总之，拥有一件把玩件，有一种物质和精神的喻悦和安慰。

翡翠雕件一桶金

灵芝、如意、元宝和古老的木桶，寓意着中国传统文化之"一桶金"

显微纤维状透闪石部分占组成的绝大多数，一般含量为 80%～90% 或更高。含量愈高，表现在质地上为结构愈细致均一。显微纤维状透闪石依据

俏色糖白玉鱼手把件

白玉圆雕如意羊手把件

其形态和大小，又可分为隐晶质部分、无定向毡状显微纤维鳞片、近平行的纤维束以及放射状（帚状）纤维团等。隐晶质部分在显微镜下无法分清透闪石的颗粒大小和形态，以基质形式存在，聚偏光现象明显，干涉色较低，交织成毡状、团块状。无定向毡状显微纤维鳞片部分，由不定向透闪石显微纤维杂乱交织成的集合体，大小在显微镜下不可测，但形态可以依据消光现象大致分清。近平行的纤维束部分，透闪石纤维沿长轴近似地平行排列，消光方向平行于纤维延长方向。放射状（帚状）纤维团部分，团簇状纤维透闪石呈放射状分布，具微弱的波状消光现象。

在一些标本中，片晶透闪石一般呈单个的片状

透闪石出现，长 0.05～0.20 毫米，宽在 0.01～0.05 毫米之间，有时会更大一些，片状透闪石的长宽比约为 3：1～5：1 左右。其在和田玉中往往不是主要组成，大约占 10%～20%，含量多时使和田玉的均一性和透明性受到减弱或破坏。肉眼观察和田玉时，见到的透明—半透明均—基底上有不透明略带乳白色调的、不同形态的斑状物，即为片晶透闪石的较大颗粒，好似冷凝的米汤中所见残留的煮烂的米粒，这就是工艺上俗称的"汤"或"石"。

杂质矿物即伴生矿物极少。一般为 1%～30% 总量多不超过 1%。有的达到无瑕的程度，而且内外一致。杂质矿物所占比例甚小，一般为个别出现，伴生矿物可有微量透辉石、白云石、蛇纹石、石墨、磁铁等矿物质。

2. 矿物结构与岩石构造

矿物粒度极细，为显微晶质和隐晶质。透闪石矿物在偏光显微镜下见为纤维状、针状、叶片状，在透射电子显微镜下为长柱状、短柱状纤维状。据和田玉一些样品测定，在电子显微镜下粒度为：短柱状为 0.0046 毫米 ×0.0013 毫米、0.0063 毫米 ×0.0036 毫米，长宽比为 2：1 或 3：1；长柱状为 0.01 毫米 ×0.0028 毫米、0.004 毫米 ×0.0008 毫米、0.012 毫米 ×0.0012 毫米，长宽比为 3：1 或 5：1、10：1；纤维状为 0.0004 毫米 ×0.000021 毫米 ×0.0021 毫米 ×0.00007 毫米，长宽比为 20：1 或 30：1。粒度之细在国内外同类透闪石玉中也是少有的。一般在 0.01 毫米以下，粗粒透闪石极少；矿物形态主要为隐晶及微晶纤维柱状；矿物的

组合排列以毛毡状结构为主，这是和田玉最普遍的一种结构，透闪石粒非常细微，粒度大小均匀，在偏光显微镜下无法分清其轮廓，犹如毛交织成的毡毯一般非常均匀地无定方向地密集分布。

俏色白玉封侯拜相手把件

有序，俏色使用精到

器形饱满端正，刀工简繁

矿物结构以毛毡状隐晶质变晶结构最为典型，这是质地细腻致密的重要原因，而这种结构为其他类玉石所少有。表现为：透闪石颗粒非常细微，粒度在光学显微镜下无法分清其轮廓，粒度大小均一，交织成毡毯状。具有该结构的和田玉表现为细润而且致密，是优质和田玉所具备的特性。该结构在白玉、青白玉、青玉、墨玉中均可见到，与和田玉质地紧密相关；除典型的毛毡状隐晶质变晶结构外，还有，显微纤维—隐晶质变晶结构：指由纤维状透闪石和隐晶质透闪石组成的结构，其中纤维状透闪石呈弱定向排列；显微纤维变晶结构：透闪石多呈纤维状聚集，大致平行分布；显微片状隐晶质变晶结构：指主要由片状透闪石和隐晶质透闪石组成的结构，其中片状透闪石的含量不高，具有弱定向性。肉眼观察标本时，片状透闪石表现为斑点状杂质，

若大量存在，则会影响玉石的质量，在琢磨时需要剔除，故具有该结构的玉石质地一般较差；显微片状变晶结构：透闪石颗粒呈叶片状分布，具有该结构的玉石质地一般较粗，甚至无经济价值。

白玉代代封侯手把件

另外，和田玉还具有下列不常见的交代残余结构。

①残缕结构：包裹在变斑晶或变晶透闪石中的残余矿物，与基质中同种残余矿物沿变余层里内外断续相连。这种结构表明，在变斑晶或变质矿物原地重结晶未完全吸收和排除掉原岩相应组分、而在应力不强、反应不充分的环境下形成，它为我们分析和田玉变质作用环境及条件提供了有力的证据。

②交代冠状结构：表现为片状透闪石沿被交代的白云石残骸的晶体边缘有规律的排布，证明了白云石在含热水溶液的参与下，在晶体粒间经过交代作用形成软玉，即白云石 +SiO_2+H_2O（汽）+ 透闪石。

和田玉的构造系指其组成的矿物集合体的大小、形状和空间的相互关系及配合方式。对于和田

玉的构造，古代以"缜密以栗"称之，与现代的"致密一致"是相同的，和田玉的构造可分为两类：一类是构造，它是和田玉最常见的构造，和田玉为致密块体，构造均一，具该构造的和田玉具有毡状显微交织结构、纤维变晶结构和片状变晶结构；另一类是片状构造，和田玉成片状，这是后期构造应力所形成，具该构造的玉石多不能利用，无实际经济价值。

　　和田玉由于其矿物组成和毛毡状隐晶质变晶结构及块状构造的特点，决定了其质地优良。表现在：①颜色纯正，质地均匀，鳃理自外，可以知中。②精柔细腻，是古人所谓的"缜密而栗"，为其他玉石所不及。③温润滋泽，即具有油脂（脂肪）光泽，给人以滋润柔和之感，是古人所谓的"温润而泽"。微透明－半透明，即透明度适中，对和田玉而言是"水头好"的最佳表现，琢成的玉件显得水灵，有生气，有动感。它不同于翡翠要求透明度越大越好，玻璃光泽越强越好，对于和田玉，水头过足反而影响和田玉温润细腻的凝脂美感，而过干涩则没有灵气和生气。④高硬度、高韧度，不挠而折，勇之方也。⑤声音纯美悠远，其声舒扬，专以远闻声音优美，玉受打击后发出的声音，这是古人鉴别玉石的重要

俏色白玉寿星

性质。和田玉制成的玉磬，敲击时发出的声音清越绵长，如金磬之余响，绝而复起，残音沉远，徐徐方尽。

3. 和田玉物理学特征

（1）颜色、透明度

　　和田玉一般微透明，和田玉颜色基本上分为白、青、黄、黑、碧绿五种颜色，还有一些中间过渡色，颜色有白色、灰白色、黄色、绿色、黄绿色、灰绿色、深绿色、墨绿色、黑色等。颜色纯正是和田玉的重要特征。如古人所说："黄如蒸栗，自如截脂，黑如纯漆，谓之玉符。"

（2）高硬度、高韧度

　　工艺界以往在划分低、高档玉时，硬度是玉石质量的重要标准之一。硬度大，则玉器抛光性好，亮度好，能长期保存。和田玉的摩氏硬度为 6.5～6.9，与翡翠硬度相差无几。一般说来，大于 5.5 度的宝石或玉石，钢质小刀是刻划不动的。因

此，5.5～6 硬度是划分高档玉器的一个重要界限。高档玉硬度较大，低档玉硬度较小。

白玉山子

有山、有水、有松树、有音乐，意境优美

韧度对玉器极为重要，韧度大，则不易破碎，而且耐磨，对于玉器的艺术造型和精雕细刻有极大好处。韧度是抗打击的能力，硬度大韧度不一定好，有的硬度很大，如黑金刚石硬度为 10，水晶硬度为 7，但是抗打击能力低，一打即碎。而和田玉硬度虽不及金刚石和水晶高，但是抗打击能力极高。据测定，和田玉的抗压强度高达 6542 千克／平方厘米，也就是说，如压碎和田玉，必须在每平方厘米上施加约 6.5～7 吨压力；而压碎钢铁，只需要施加 4～5 吨压力。可见和田玉可以经受起大锤猛击，最多在其表面上留下几个不大的凹点。自然界宝玉石的韧度，黑金刚石为 10，透闪石玉为 9，翡翠、红宝石、蓝宝石为 8，金刚石、水晶、海蓝宝石为 7，

橄榄石为 6，祖母绿为 5.5，黄晶、月光石为 5，猫眼石为 3，萤石为 2。如以透闪石玉韧度为 1000，其他玉石或矿物相对韧度为：翡翠 500、蛇纹石（如岫玉）250，石英岩 10～20，石英 5，刚玉 2～3，云母 2。可见，透闪石玉的韧度在玉石中是最大的，这是和田玉最重要的特色，是其他玉石不能比拟的。金刚石的硬度是 10，韧性却很低，经不起重的一击。软玉的硬度是 5.5～6，但其韧度却很高。

白玉秋山闲居

由一块山料雕刻而成，有楼亭和松树

（3）密度、折射率、解理

和田玉密度为 2.95 克／立方厘米（+0.15～-0.05），折射率为 1.61～1.62，实际测量中一般白玉密度为 2.95 克／立方厘米左右，很少超过 3.0 克／立方厘米，碧玉密度相对较高。在优质的和田玉上由于透闪石晶粒极细，见不到柱面解理，但在受后期热液作用影响矿物重结晶，可观察到长柱状一针状的透闪石晶体及柱面解理。

二 和田玉的分类

从地质科学观点看，世界软玉品种单一，且多为碧玉，而新疆和田玉品种多，有世界罕见的白玉，玉质居世界软玉之冠。世界其他地区的矿床均为蛇纹岩型，与超基性岩有关，而和田玉矿床为非蛇纹岩型，其成因不是区域变质形成，而是典型的接触交代形成，是镁质大理岩与中酸性岩浆接触交替而形成的玉矿，有白玉、黄玉、青玉、墨玉等一系列品种，尤以白玉为代表。它的成因、品种在世界软玉中居独特地位，具有典型意义。和田玉的分类是以产状和颜色两个方面为基础的，在市场中，产状分类和颜色分类几乎同时涉及，但颜色分类更加直观与客观，是和田玉鉴赏的基础。

白玉山子

整体造型呈山状，山洞、楼亭、
松树、仙女，材质发黄

1. 和田玉的产状分类

和田地区，古称"于阗"，藏话意思为"产玉石的地方"。清初才改"于阗"为"和阗"。1959年，"和阗"又改"和田"。和田玉主要分布在昆仑山山脉，西起喀什、经莎车、叶城、墨玉、和田、于田、且末、东至若羌的昆仑山、阿尔金山的北坡，共发现并开采的玉石矿点20多处，在新疆区域内这条1100公里狭长的玉石带所产的透闪石玉统称新疆和田玉。20世纪九十年代发现的青海西部的格尔木白玉矿区地处昆仑山东麓，抛开地域概念，从地质学构造成矿带的角度看，由昆仑山两麓的喀什至昆仑山东麓的格尔木全长约1500公里即构成了完整的昆仑山——阿尔金山白玉成矿带，这也正是中国和田玉的主产区。和田玉按产出特征分为子玉，山流水，山料。

◎山料：又名山玉，即产于山上的原生矿，通过玉矿开采的玉石，主要产在于田县区域的昆仑山中及且末若羌一带的阿尔金山脉中。和田玉矿都位于海拔5000米的昆仑山雪线上，一年的开采期只有4个月左右。主要是青玉和青白玉、白玉，上等的白玉也并不逊于子玉。开采山玉的季节自然是在夏季，依矿山海拔高度和气候状况而有小的差异，因和田玉矿多分布在昆仑山近主峰一带，往往高寒多雪，所以采玉者多在5月下旬进矿，6～8月采矿，9月上旬出山。如海拔较低及交通条件好的矿山可延长采矿期。山料特点是块度大小不一，呈棱角状，质量常不如子玉。矿采的叫山料，史书称之为"攻山采玉"，产量较高，只是质量参差不齐。

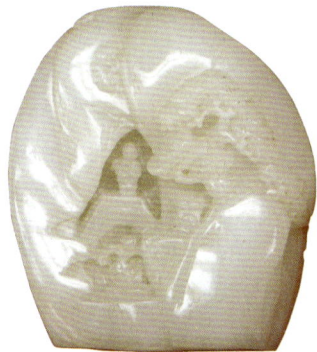

材质好，细腻、洁白、油润

和田玉山料山子

◎ **山流水**：山流水按成因可分为三大类：一是坡积形，国外称崩积矿床，是原生玉矿经风化崩解而搬运到山坡或滚落戈壁沙土之中形成。二是冲洪积型，是原生玉矿经流水的冲蚀和搬运，沉积在河床、河滩古河床的矿床，这是最主要的类型。三是冰碛型，是原生玉矿经冰川刨蚀搬运形成的矿床。黑山地区发现白玉后，给找玉人带来新的希望，人们冒险前往。黑山是昆仑山之主峰之一，高峰达7562米，群山峻巅，冰雪盖地。产玉地点为阿格居改山谷，此为玉龙喀什河支流之一，距喀什塔什乡里山大队约30多公里，部分河段冰积物广布，山坡崩塌，巨砾遍布，只有徒步到达，雪线以上冰川遍布，海拔高5000米以上，相对高600～1000米。冰川的冰舌前缘部位，因冰川下移至雪线附近逐渐融化常常发现自上源携带的和田玉砾。冰川的舌部高达数十米至百余米，晴日不断裂解崩落，伴随着雷鸣般的巨声，漂砾与冰块滚泻而下，落入河中，故在冰河之下也可以找到美玉。雪融水每日有一次洪水，洪水把巨大的冰块沿河冲向下方，这些冰块及冰层融化后也露出玉砾。产出的玉石有白玉和墨玉。近

十余年来发现的两块大白玉就在冰积垄中。山流水一般在河边沙中，也称沙料或戈壁料，存在于河流上游地区，因搬运距离短，玉石有一定棱角，山流水特点是块度较大，棱角稍有磨圆，表面较光滑。山流水常好于山料。

白玉生意兴隆手把件正面

◎ **子玉**：河里捞的玉称"子玉"，是指原生矿经剥蚀崩落被流水搬运到河流中的玉石。在中下游地区因搬运距离长，玉石棱角已磨光成卵石，成为子玉。质量上乘，但产量低；和田玉特别是子玉主要产在玉龙喀什河和喀拉喀什河。玉龙喀什河意为白玉河，以产白玉著名。卡拉喀什河意为墨玉河，以产碧玉和青玉著名。喀拉喀什河，古称乌玉河，河边的县城墨玉即以此得名。但是，这条以产墨玉驰名的墨玉河，今天却不见有墨玉，而真正产墨玉的地方在黑山，即古代的喀朗圭塔克，这属玉龙喀什河的支流。为什么历史上又叫墨玉河呢？原来这河中产有

大量碧玉，这种玉石呈绿色，风化后外表漆黑，油光放亮，倘若墨玉。喀拉喀什河，这条河不仅产碧玉，也产白玉。在它的上游有几处和田玉原生矿床，在它的中下游也可以常拾到白玉。除此以外，这条河下游还产沙金和金刚石，从20世纪40年代发现金刚石以后，近年又陆续在淘砂金时找到几颗金刚石。所以，喀拉喀什河是一条淌金、流玉、藏钻的宝河。此外，叶城一带的叶尔羌河、泽普勒善河及且末县内车尔臣河也是古代产玉的河流，主要出产青白玉、碧玉。这些河流所产和田玉古代文献也有记载。籽料特点是常为卵形，表面光滑。由于常年搬运，水流冲蚀，碰撞滚圆分选，粗粒及致密度差杂质多的原石往往被风化剥蚀，所以子玉一般质量较好。

玉块度都不大，多在0.2～1.5公斤（即千克，后同）之间，其中小于0.5公斤者约占30%仅有少数可达3～5公斤。小块玉亦可随形施艺，雕琢零碎活。为了收购群众拾得的子玉，于阗等地段设有玉石收购站，收购的范围东有且末县、民丰县、于阗县、策勒县；西有莎车县、叶城县、墨玉县及和阗县。现代出玉的河流十几条，但以大河为主。主要有叶尔羌河、喀拉喀什河、玉龙喀什河等。以前每年收购的数量还是以喀拉喀什河与玉龙喀什河居多，约占90%～95%流经和阗的两条大河每年拾到的子玉玉琢料不下10吨。其中工艺用白玉0.5～1吨，占5%～10%；青玉占80%～90%；还有少量碧玉。每年拾到的玉模

白玉籽料招财童子手把件

玉质温润细腻，致密光滑，体形硕大，饱满大气，雕工精湛

白玉籽料笑口常开手把件

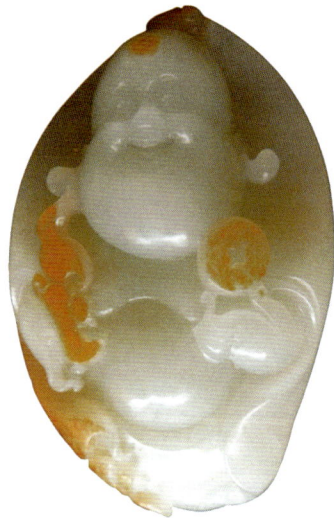

在河流上游可以拾到大块度的子玉，但能用作玉雕的料较少，大部分是重几十千克至上百千克的模料玉。这些玉砾质次色深，结构粗糙，呈暗灰绿色，斑杂不一，有较多细小脉穿插，不能碾琢工艺品，但仍坚韧耐磨，乃用做工业上的模具。其产量都超过中游拾得的子玉。河流中下游的子

料为30～40吨，其中和田玉的青玉及斑杂玉占60%～70%，其余为蛇纹岩型软玉-粗位结构的碧玉。

2. 和田玉的颜色分类

新疆地矿局宝石检测中心每年接受大量的和田玉检测申请，对和田玉的研究认识拥有得天独厚的优势，岳蕴辉教授在国标的基础上，对和田玉的颜色分类进行了可操作的适应实际情况的划分，目前新疆地区已于2008年颁布这一和田玉（软玉）鉴定及分类、命名方法（细则），本文采纳这一划分标准：

白玉

◎ **白玉－羊脂白玉**：表示优质白玉，其颜色呈脂白色或比较白，可稍泛淡青色、乳黄色等，质地细腻滋润，油脂性好，可有少量石花等杂质（一般10%以下），糖色少于30%。白玉中的上品，质地纯洁细腻含透闪石达99%，色白呈凝脂般含蓄光泽。同等重量玉材，其经济价值几倍于白玉。历代王朝极推崇羊脂白玉，称"其玉体如凝脂，精光内蕴，厚质温润，脉理坚密，声音洪亮。"，好的羊脂玉即使

老玩家玩玉几十年也难得一求。羊脂玉获得难度之高加上其稀有度，所以爱玉者常有寻羊脂玉难，难于上青天之感。可以这样说，现在就是有钱，也不一定能买到精绝的羊脂玉。

◎ **白玉**：各种以白色为主的软玉，常微带灰绿、淡青、褐黄、肉红或紫灰等色调，质地细腻或在细以上，糖色小于30%。含闪透石95%以上，颜色洁白，质地纯净、细腻、光泽滋润。为和田玉中优质品种。在汉代、宋代、清代几个制玉繁荣期，都极为重视选材，优质白玉往往被精雕细刻为"重器"。

糖色－白色金蟾小摆件

温润细腻，致密光滑，底部少许微细黑色包体

◎ **糖白玉**：糖玉与白玉的过渡品种，其中糖色部分占30%～85%。

◎ **糖白玉－羊脂白玉**：糖白玉和羊脂白玉之间的过渡品种，其中糖色部分占30%～85%。

青白玉

◎ **青白玉**：灰绿色、青灰色、黄绿色等浅－中等色调品种，介于白玉和青玉之间。质地与白玉无显著区别，仅玉色白中泛淡淡的青绿色，为和田玉中三级玉材，经济价值略次于白玉。

和田青白玉枫桥夜泊

青色外壳、白色古松，老人坐
着渔船，雕工精美

◎ **青白玉 – 白玉**：青白玉和白玉之间界限难以划分
时，或同一块玉石上有两种颜色时，可以采用过渡
的方法描述定名。

◎ **糖青白玉**：带有很多糖色的青白玉，糖玉与青白
玉之间的过渡品种，其中糖色部分占 30% ～ 85%。

青玉

◎ **青玉**：灰绿色、青灰色等中等 - 深色品种，偶尔
带有灰蓝色调，与青白玉只有颜色深浅的差别。应
注意深灰绿色青玉与碧玉的区别。色淡青、青绿、
灰白均称青玉，颜色匀净，质地细腻，含透闪石
89%、阳起石 6%。青玉储量丰富，是历代制玉采
集或开采的主要品种。

和田青玉健身球

颜色墨青，光亮油润，是把玩健身佳品

◎ **糖青玉**：带有很多糖色的青玉，糖玉与青玉之间
的过渡品种，其中糖色部分占 30% ～ 85%。

◎ **翠青玉**：青绿色 - 浅翠绿色品种，偶见于某些产地，
也可以直接以青玉命名。

◎ **烟青玉**：烟灰色、灰紫色品种，偶见于某些产地，
也可以直接以青玉命名，颜色深的品种应注意与墨
玉的区别。

黄玉

浅 - 中等不同的黄色调品种，经常为绿黄色、
米黄色、常带有灰、绿等色调，在具体鉴别中应注
意与浅褐黄色糖玉的区别。基质为白玉，因长期受
地表水中氧化铁渗滤在缝隙中形成黄色调。根据色

黄玉手镯

颜色橘黄，质地不够细腻

度变化定名为：密蜡黄、粟色黄、秋葵黄、黄花黄、鸡蛋黄等。色度浓重的密蜡黄、秋葵黄极罕见，其价值可抵羊脂白玉。在清代，由于黄玉为"皇"谐音，又极稀少，一度经济价值超过羊脂白玉。

墨玉

灰黑 - 黑色软玉，致色因素是因为含有一定量的石墨包体，在鉴别中应注意与绿黑色碧玉的区别。由于含石墨量多少不同，黑色深浅分布不均，其过渡品种命名方法与前述相同。

透闪石中夹石墨、磁铁成分即成黑色。墨玉多为灰白或灰黑色玉中夹黑色斑纹，依形命名为"乌云片、淡墨光、金貂须、美人鬓"等。黑色斑浓重密集的称纯漆黑，价值高于其他墨玉品种。墨玉呈蜡状光泽，因颜色不均不宜雕琢纹饰，多用于制成镶嵌金银丝的器皿。

糖玉

由于原生或次生作用形成的，受氧化铁、锰质浸染呈红褐色、黄褐色、黑褐色等色调的软玉，当糖色部分 >85% 时可以称为糖玉。但如果可以观察到原来的玉种也可以按原玉种名定名。

碧玉

青绿、暗绿、墨绿色、绿黑色的软玉。分为两种，其一种产于酸性侵入岩体的接触带，较纯净细腻；另一种产于超基性岩体的接触带，杂质多，常含有黑色矿物包体。碧玉即使接近黑色，其薄片在强光下仍是深绿色。某些碧玉与青玉不易区分，一般颜色偏深绿色的定为碧玉，偏青灰色的定为青玉。

碧玉含透闪石 85% 以上。

糖玉童子戏佛手把件

俏色碧玉寿星

头部部分色浅，且具猫眼效应，身体部分色阳绿

岳蕴辉教授还对羊脂玉的概念做了适合实际情况的划分说明。"羊脂玉"是"羊脂白玉"的简称，为行业中对优质白玉形象化的俗称，犹如红宝石中"鸽血红"的用法一样，不宜单独作为玉石名称使用。分类中对优质白玉的命名采用"白玉－羊脂白玉"这一独创性名词，其中"白玉"为国家标准规定的软玉基本名称，"羊脂白玉"为行业中对优质白玉的俗称(俗称不单独使用)。在此名称中"白玉"

起到定名作用,而"羊脂白玉"则起补充说明作用,中间"——"为连接号。

软玉定名的来历

公元 1863 年,法国地质矿物学家德木尔对掠入欧洲的中国清代宫廷玉器进行了研究,将和

白玉俏色金钱袋手把件

田玉和翡翠分别命名为:Nephrite 和 Jadeite。据久术武夫《宝石贵金属辞典》,Nephrite 这一英文名称源于希腊语,有"肾脏"之意,这是因为古代欧洲认为将这种玉石佩挂在腰部可以治愈肾病。软玉是 Nephrite 译名。用软字译文,是对具有体如凝脂,精细柔美,精光内蕴,温润细腻,致密柔韧,高硬度,高韧度,强油脂光泽等综合特征的和田玉的形象概略,是对和田玉美玉特征的高度浓缩。软玉,广义上,泛指一切以透闪石为主要矿物组成的钙镁硅酸盐类岩石。和田玉,羊脂白玉,青白玉,青玉,黄玉,糖玉,墨玉,碧玉是其商业名称。狭义上软玉本身特指中国新疆和田玉。

3. 市场上其他产地的软玉

(1) 青海软玉

青海软玉是 20 世纪 90 年代初期在青海省的格尔木西南青藏公路沿线一百余公里处的纳赤台高原

丘陵地区发现的,目前已形成商业规模的开采势头。其中青海白玉以其巨大的产量、相对优良的质地,震动了和田玉的市场。由于是新开发的品种,刚起步时还未能被市场所接收,所以在称"青海玉"时期,它的市场地位并不高。但在 2008 年北京奥运会时,青海玉高调出镜,这让业界刮目相看,其身价也日益攀升。青海白玉质地细润均匀,块度大,透明度偏高,多数白玉呈灰白——腊白色,少量黄灰色,称为"米汤色",有灰暗不正的感觉。其青玉灰绿色调"闷暗"不明快。另外翠绿色、烟灰 - 烟紫色玉料常与白玉共生一体,纯色较少,也是一个典型的颜色特征。以山料(坑料)为主,山流水也属棱角状,未见子玉料。

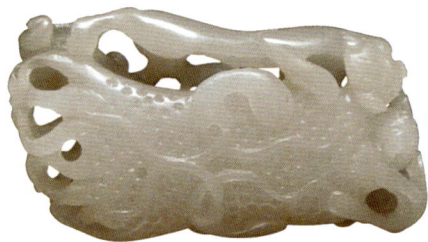

青海软玉俏色福寿如意手把件

青海软玉中质地不纯者,往往有白色"脑花"状石花,絮状棉绺。半透明的"水线""水露",黑褐色翳状斑点。"石筋""石钉"等。在透明度较好的玉质中分布白色团块状"脑花"、"絮状棉绺"是其常见的玉性特征。

青海软玉中优质白玉近年价格跳跃式增长。等级一般的白玉在 1993 年原料只有每公斤 10 元左右,而现在,优质白玉要在每公斤 10 万元左

右。20 世纪 90 年代一只上好的青海料白玉手镯市场价格仅有 2000 元，而如今，一只优质的青海料白玉手镯批发价要在 3 万元以上，更高者可达十几万元至二十万元一只。当年青海料中带翠绿色的翠青玉市场几乎无人问津，市场价仅几百元甚至更低，而现在新疆市场上每只在两万元以上至几万元。这就是市场的神奇。当然，新疆本地和田玉优质玉料的大幅减少，新国标的和田玉名称确立，加之其美的自然属性被人认知，更加上北京奥运奖牌的采用，使青海料白玉名扬世界，使青海白玉顺理成章由幕后走向了前台。自然那些有眼光提前介入青海原料市场的人士赚了个盆满

白玉童子象把玩件

钵满。从这个角度看，普通消费者完全没必要对产地纠缠不休，应该把目光紧锁在玉石本身的特征，料够不够稀奇，看其美不美，雕工够不够精湛，也就是其价值所在。在白玉原料产地问题上，正如岳蕴辉教授所言，"即使是最有经验的专家也无法准确辨识来自不同年分、不同产地和不同矿山的原料。有些人标榜自己可以准确区分产地，只能说明他了解的矿山有限，见过的玉料太少。"

（2）俄罗斯软玉

俄国考古学家奥克拉尼科夫早在 20 世纪 20 年代就发现：贝加尔湖地区的先民在距今 4000 年前的史前时代就使用了白玉制作的工具和仪礼用具，如玉凿、玉环和玉护身符等。后来，俄料白玉的历史被推到了 6500 年前，甚至 8000 年前，可见其历史十分悠久。于是问题出现了：贝加尔湖的白玉究竟产自哪里？又是在什么时候进入中国内地的？这些问题让不少国内外玉学者感到困惑。英国收藏家罗伯特·费雷 1991 年研究认为：可能早至明代或者清代，贝加尔湖的白玉就已经通过贸易方式进入了中国内地。进入 20 世纪 90 年代，贝加尔湖的白

白玉钟馗抓鬼

俄料

玉已是大规模地输入中国内地了。至于具体产地，中文刊物一般认为大多来自俄罗斯布里亚特自治共和国首府乌兰乌德所属的达克西姆和巴格达林地区，邻近贝加尔湖。1995 年，国际玉友协会理事赫伯特·吉斯先生专程考察了矿山，并在 2005 年的《玉友学刊》中做了详细介绍。贝加尔湖的白玉是俄罗斯科学院西伯利亚分院雅库茨克地壳研究所的塞克林博士与同事在 1975 年发现的，白玉矿山位于西伯利亚十分荒远的地方，地处贝加尔湖东面的维吉姆山上和山下的几条河流之中。如茨帕、维吉姆、克维克特、格留布、布龙和班布卡河几乎都产白玉。那里几乎人迹罕至，十分荒凉，即使最近的村庄离矿山也有 80 多公里。贝加尔湖的白玉有山料，也有籽料；有白色、青白色、青色等品种，也有棕色、褐色品种。由于矿区位于被原始森林覆盖的山上和山下的河流中，开采甚为不便，产量也较小。俄罗斯布利亚特籽料结构近似和田玉高密度，细结构，短的云絮状结构。相对和田白玉而言，俄罗斯白玉的质地亦显粗涩，且白而不润，若将二者放在一起比较，前者温润而白得细腻，后者粗糙而白得无神。俄罗斯白玉在雕刻时容易起"性"，易崩裂，细工比较困难，容易崩口，尤其是成品精细打磨面上会出现一团一团的麻皮凹陷。也有行家凭经验认为俄罗斯白玉泛红，而新疆白玉泛青。高档的俄料由于它的白度要比绝大多数的高档和田白玉高，更容易给人感官上带来更大的刺激，这也是近年玩家对和田羊脂白玉的白度要求提高的原因，其实真正的羊脂白应该是"细糯阴白（微微泛青）"

的（杨伯达）。俄罗斯软玉中的上品无论在"白度"还是"油性"上可比"羊脂"，而和田玉中的部分山料和俄罗斯软玉几乎找不到区别。俄罗斯软玉品种除白玉系列外，尚有碧玉品种。

白玉三羊手把件

白玉佛把玩件

（3）韩国软玉

韩国与朝鲜分界线的南侧江原道春川地区一个

玉矿出产透闪石软玉，化学成分与和田玉基本相似，硬度和密度接近和田玉，多为白色，略显青黄色或棕色，绝大部分属于青白玉-青玉的范畴，优质白玉少有。业内称其为韩料。其蜡质感强，温润不足而干涩有余，结构不很细腻，玉里面的云絮状纹理呈团块状，更显浑浊感，具有粥样糊状的鲜明特征。罗伯特·费雷1991年研究认为：在韩国发现的新石器时代的玉制工具就是用春川所产的白玉琢制的，在位于首尔的国家博物馆展出的这些古代玉制工具可以切割皮革。

韩料多属青白玉和青玉范畴，价格低廉，韩料自2009年进入新疆玉石市场后，目前市场份额迅速扩大。据新疆岩矿宝玉石质检站的相关负责人介绍，2008年在该站进行质检的和田玉中，韩料质地的玉尚不多见，而自2009年下半年起，前来鉴定的低价位玉手镯中，近一半都是韩料玉。目前韩料流行，主要是因为在玉石市场中的其他和田玉：中国新疆和田、俄罗斯、中国青海的三大玉料资源出现紧缺状况，价格上涨幅度较大，于是韩国软玉迅速打开了我国的白玉市场。估计进口到中国的韩玉到目前为止将近有500吨。

（4）加拿大软玉

加拿大软玉为碧玉品种。虽出产于远离华夏大地的北极圈，但加拿大碧玉和中国却有着深厚的渊源。早在1885年，一股淘金的中国移民在加拿大菲沙河谷里发现了沿河流被水冲下来的玉石。当时的欧洲人并不知道玉石的价值，所以这些有胆有识的中国人从欧洲人的眼皮底下成功地将发现的玉石运到了中国，而这些来自加拿大的玉石的一部分进入到紫禁城而成为慈禧太后的最爱。

（5）岫岩软玉

20世纪70年代，在辽宁海城、岫岩和宽甸地区的在镁质碳酸盐岩中，地质工作者发现了一种与蛇纹石岩不同的玉石，这种玉石透闪石含量较高，硬度也高过蛇纹石玉石。此外，二者在颜色和半透明度方面也有区别。这就是与岫岩蛇纹石玉石明显有别的岫岩软玉。二十多年后，北京大学教授、著名考古学家赵朝洪等发现了东北红山文化所用的很多玉材的来源

岫玉软玉把玩件

小猴

就是这种岫岩软玉，当然也有岫岩蛇纹石玉石，这在当时考古学界引起了强烈的轰动。

与和田玉比较，岫岩软玉因为含有一定量的蛇

4. 玉璧、出廓玉璧

玉璧呈圆形，出廓玉璧近圆形，形制工法多仿商、周、两汉，纹饰以乳丁纹，古纹，云纹，勾连云纹，云雷纹，龙纹，凤纹常见，纹饰貌似简单，若技巧不深功夫不到，一眼便可看穿，所以玉璧对工的要求很高。盘龙玉璧也是玉璧形态，往往一侧为乳丁纹或云纹，另一侧为高浮雕双螭龙，有些两面均是高浮雕螭龙纹，当有螭龙穿越中空身体在另一侧时则为穿龙玉璧。出廓玉璧，主体是玉璧形态，只是外廓边部镂空雕龙纹或龙凤纹。

黄玉出廓玉璧

5. 玉香囊

镂空玉挂佩的一种特殊款式，一般呈圆形牌片状，中部掏空，两面镂空雕刻各种纹饰，有时两面所刻内容一致，有时不一致。现代用法是夏日时可将一沾香水小棉球置于其中，佩戴或放于包内，便可在欣赏美玉的同时还能闻到提神的徐徐芳香，十分好玩。

6. 玉手串珠链

手串珠链类分三类，一类为无雕刻原始原石籽料手串，一类为山料或山流水料素面圆珠或其他形状珠链，还有一类为雕工珠链类。雕工珠链以佛头，十八罗汉和仙草镂空题材为常见。

白玉镂空透花鼓形手串

7. 玉带钩

玉带钩形制上仿古，已无实际使用价值，属思古赏玩、把玩件。

8. 皮带玉扣

皮带玉扣是当代的创作，用于修饰腰部点缀腰带，古人无此形制。从这点看，国人用玉继承发扬了传统，用玉达到了无所不及的程度。

9. 玉鼻烟壶

现代玉鼻烟壶仿清，形制上或有创新，相对少见。

10. 玉印章宝玺

印章宝玺自古是玉文化的重要组成部分，是中

白玉带钩

龙头、赤龙

黄玉鼻烟壶一对

质地细腻、油润

俏色代代封侯白玉印章

国古人等级、礼制、信义的体现，我国先秦时期已开始使用。蔡邕《独断》：玺者，印也。印者，信也。《苍颉篇》：印，验也。玺自秦代以后专指帝王的印，天子诸侯王称玺，独以玉；列侯至二千石曰章；千石至四百石曰印。好的印章类把玩件有着广阔的市场前景，目前市场有，但不普遍，这与印章取材、选材难、费料多有关。

11. 小型玉壶、玉盏、玉碗类

玉壶、玉盏和玉碗特别是玉壶、玉碗材料相对较大，优质白玉系列的罕见，过去均出自皇家豪门，价值连城。

12. 玉文房四宝

玉笔、玉笔架、玉笔筒、玉笔洗文房四宝当然是古人吟诗作赋的最佳用品，用玉器制品自然是自在逍遥、翩翩欲仙。诗兴大发之时，抚摸、把玩这类玉制品，说不定会有神来之笔。由于对玉材体积的要求，当今市场少见。

13. 小型玉摆件

小型玉摆件可以容易地搬动，把玩、欣赏，太大尺度的陈设类摆件虽有把玩的属性，但不易在掌中盘完，所以不归为把玩件系列。

白玉边塞小摆件

四、和田玉把玩件的价值评估

和田玉把玩件价值评估是一项深奥复杂的工作，对评估人员的专业知识、审美情趣、历史文化素养要求较高。概括起来有三个必须要求：一是评估人必须熟知制作玉器的原材料的质量和价值；二是能正确判断玉器的设计用料水平和制造工艺及有关的费用；三是必须熟知中国玉文化历史和玉器的历史价值、艺术价值、实用价值，了解各代玉器的形制及纹饰雕琢特征。只有全面了解涉及和田玉玉器的各个方面，才能进行玉器的评估。影响和田玉把玩件价值的主要因素有以下几个方面。

一 质地

和田玉评价的一个重要因素是质地。由于结构构造的不同，价值上将有巨大差别。颗粒越精细、隐晶 - 微晶、斑晶越少、石花越少、和田玉越细腻温润、质地均匀、结构致密、油脂越好、价值越高；颗粒变粗、石花云絮状物增多、结构松散、油脂感降低、细腻程度降低，则价值降低。在和田玉价值评估中这项内容及其重要。

二 颜色

和田玉另外一个重要评价因素是颜色。在和田玉色系价值上，概括讲，在质地温润细腻的前提下，羊脂白玉→白玉→青白玉→青玉，价值逐渐降低，优质黄玉价可比羊脂白玉，糖玉价值低于白玉，其价值水平大致相当于青白玉、青玉。

白玉喜上眉梢

出梅花和喜鹊，寓意喜上眉梢

主体色白，细腻。用巧雕体现

白色者纯洁,白玉的颜色由白到青白,多种多样,即使同一条矿脉,也不尽相同,叫法上也名目繁多,有季花白、石蜡白、鱼肚白、梨花白、月白等。白玉是和田玉中特有的高档玉石,块度一般不大。世界各地的软玉中白玉极为罕见。白玉子是白玉中的

色白,俄料,巧雕体现钟馗

白玉钟馗

上等材料,色越白越好,光滑如卵的纯白玉子叫"光白子",质量特别好。有的白玉子经氧化表面带有一定颜色,秋梨色叫"秋梨子",虎皮色叫"虎皮子",枣色叫"枣皮子"。都是和田玉名贵品种。糖白玉中以颜色鲜艳的红黄糖、黄糖白玉价值高;深褐色糖、暗褐色糖白玉价值低;真正的红糖极为罕见。

青白玉以白色为基调,在白玉中隐隐闪绿、闪青、闪灰等,常见有葱白、粉青、灰白等,属于白玉与青玉的过渡品种,和田玉中较为常见。

青玉有淡青色到深青色,颜色的种类很多,古籍记载有虾子青、鼻涕青、蟹壳青、竹叶青等等。现代以颜色深浅不同,有淡青、深青、碧青、灰青、深灰青等等之分。翠青玉,呈淡绿色,色嫩、质细腻,是较好的品种。和田玉中青玉最多,常见大块者。

青玉,储量丰富,是历代制玉采集或开采的主要品种。

黄玉由淡黄到深黄色,有栗黄、秋葵黄、黄花黄、鸡蛋黄、虎皮黄等色。黄玉十分罕见,在几千年探玉史上,仅偶尔见到,质优者不次于羊脂玉。如清代乾隆年间琢制的黄玉三羊樽,黄玉异兽形瓶,黄玉佛手等,均属黄玉琢成的珍品。

墨玉由墨色到淡黑色,其墨色多为云雾状、条带状等。工艺名称繁多,有乌云片、淡墨光、金貂须、美人须等。在整块料中,墨的程度强弱不同,深淡分布不均,多见于与青玉、白玉过渡。一般有全墨、聚墨、点墨之分。聚黑指青玉或白玉中墨较聚集,可用作俏色。点墨则分散成点,影响使用。墨玉大都是小块的,其黑色皆因含较多的细微石墨鳞片所致。

总之,和田玉质地体如凝脂、精细柔美、精光内蕴、温润细腻、致密柔韧、颜色纯正均匀、少暗色调、色彩靓丽即为上品。

白玉巧色把玩件

色白,巧雕颜色鲜艳,浮于表面,有染色嫌疑

三 雕工

"玉不琢不成器",雕工对于和田玉有着极其重要的意义。玉器是艺术品,优秀的玉器作品是经过

认真的思考、精心的设计创作而成。同样的原料，由不同的设计师来设计，其作品的价值也会有很大的差异。审美观的差异将直接影响玉器的价值。不同时代、不同地区、不同民族对玉器审美是有差异的，这将直接影响玉器的价值。甚至是同一艺人由于在制作过程中所付出的劳动量的多少和使用的方法不同，不同时期的创作其艺术素养的差异，也都会影响制作工艺的优劣，并直接影响玉器的价值。此外，用功繁琐缺乏艺术表现力的，虽工多，但价值未必高，一些看似简约的刀法，由于极强的艺术感染力，使作品充满灵动和生气，可能价值连城，比如有中华第一龙之称的红山文化玉龙，即便用现代的苛求眼光看，今天人们所创作的作品在作品所展现的气度、动感和活力等方面仍是难以逾越。雕工很直观，好的作品经得起品味，玩味无穷，差的作品缺乏内涵，俗不可耐。

此外，题材不同的玉器，其价值也会有差别。同样一块原料，同样的工艺，由于所制作的产品在题材上的差别也会对其价值产生影响。一般来说，人物类把玩件价值高于动物类把玩件，因为人脸的造型包括观音佛像的造型

可以说深入人心，特别在面部形态上，传神、端庄、豁达、乐观的仪态尤其难把握，不容一丝闪失，我们经常可以见到，即便是大型摆件，譬如在观音造像上，真正出神入化、神态端庄、镇定自若充满智慧的作品极少。当然审美标准，艺术修养、雕琢技巧、玉料特点这些因素缺一不可，即便在你发现不足之时却无法改刀。神兽、仙草类则不同，它们在人心目中并无固定形象，即便制作过程中出现闪失，还可以适当改刀，不伤大雅，但这一过程赏玩者难以发现，故而优秀的人物类把玩件价值高于动物、仙草类把玩件。当然这绝不等于说拿两件重量、白度、细腻程度近似的人物类把件和动物、仙草类把件放在一起，人物类把件价值一定高于动物、仙草把件价值，那就机械了。关键要看题材内容各方面的把握与平衡。

形制的不同也是价值的不同体现。同样一块原料在设计制作玉器时需慎重研究，例如子冈牌的制作，如果原料有一丝瑕疵或者杂质，则很难剔除，在成品上会一目了然，自然要求原料质地细腻滋润，所以优质子冈牌的价值是较高的，而手把件的制作中，雕琢

白玉壶

色白油润，造型精美。巧雕体现出壶的花纹，值得收藏

可以有较大的回旋余地，一些杂质裂隙可以剔除甚至可以巧作。玉器业内在选料题材做工上有句话"工就料，料就工"，一般来说，好的作品工艺不会迁就材料的局限，而明显迁就材料的特征则会影响作品的表现力。当然，设计独到，充分利用材料的色彩和形态，惟妙惟肖，也不乏优秀作品，甚至是绝品。

考，对不同的艺术门类包括书画，甚至服装色彩款式，化妆审美，建筑艺术等等，多行多业，芸芸众生，广采博纳，吸收美的营养，日复一日，艺术修养和辨识审美能力自然得到提高，对玉的质地和设计雕琢及整体艺术表现力也自然说得上一二。

体现出古代玉琮

白玉巧雕精品

玉质好，色白，油润。巧雕

人物造型优美，玉质洁白透亮

和田玉把玩件

此外，要正确看待大师作品。每一类型的技术型人群中艺术修养，技艺自有高下之分，这是不言而喻的，对待大师的作品自然也要本着客观的态度。其实并不是所有大师的作品都能升值，任何行业都会有名不副实之人，有些作品艺术含量不高，但价钱高，还有一些大师，其作品用多年前的标准来评判，确实水平高，但随着新工艺、新工具的运用，一些大师的作品在艺术水准和技术难度上，从现在来看，就显得逊色了。其实每个人都有艺术的天分，多挖掘、多充实、多学习、多观察、多实践、勤思

除去以上质地、颜色、雕工三个要素外，其他诸如尺寸大小、品相好坏也是和田玉把玩件价值评估中的重要因素。一般说来，在质地、颜色、雕工相同的前提下，尺寸大的总是比尺寸小的价值高，品相好、完整无缺的总是比品相差、有残缺的价值高。有些玉器，玉质、雕工都相当不错，但有残缺，总未免令人感到遗憾。虽然有些残缺部位可以通过雕工掩饰掉，但行家一眼便能看出。雕工好不等于品相好，而品相好一定雕工好，除去雕工因素外，还包含有完整，大气端正诸多因素，实际上是设计、雕工及天然形态或设计形态诸多因素的综合表现。

49

惯上指隐晶 - 细粒白色石英岩。石英岩卡瓦石与白玉的不同点：粒状结构、硬度高、低密度、没有油性或低油性可与白玉区别。

四 蛇纹岩玉

又称岫玉，其质地坚实而媚润，细腻而圆融，多呈绿色至湖水绿，岫岩玉物质成分复杂，物理性质、工艺美术特征等亦多有差别。例如绿色蛇纹玉，主要由利蛇纹石组成；黄色蛇纹玉，主要由利蛇纹石组成，也含有纤蛇纹石、叶蛇纹石；白色蛇纹玉，主要由叶蛇纹石组成。岫岩玉的颜色有深绿、绿、浅绿、黄绿、灰绿、黄褐、棕褐、暗红、蜡黄、白、黄白、绿白、灰体如凝脂，精光内蕴，厚质温润，脉理坚密，声音

岫玉元宝

淡绿色，造型优美，寓意好。内部和边部有瑕疵

洪亮。白、黑等色。颜色的深浅与铁含量的多少有关，含铁多时一般色深，反之则色浅。岫玉具有强烈的蜡状光泽、玻璃光泽，有的显油脂光泽；微透明至半透明，少数透明。其透明度与矿物成分和化学成分有关。当岫岩玉全部由蛇纹石组成时，其透明度高。如果其中有杂质含量达 5% ～ 10%，则透明度差。当岫岩玉中铁、镁含量高时，其透明度往往较差；反之则透明度会增高。鉴别特征：硬度、密度均较和田玉低。

五 玻璃

白色仿玉玻璃是在普通玻璃原料中加入不透明添加剂熔制成白色玻璃，还有用乳化玻璃加铅粉，再加蜡质类填充料，用模具铸出来，或雕刻成摆件、小挂件。玻璃洁净透明，铅粉可以增加密度，蜡质类填充料可以掩盖玻璃的透明和贼光，玻璃没有油脂光泽，内部非常均匀，没有晶体矿物的正常结构及岩石的自然构造，强光照明、放大观察可见有零星气泡，雕工毛糙，放大观察可见玻璃中典型的贝壳状断口。但某些真空抽的好的玻璃制品，在放大10倍观察时，难以观察到气泡，由于其光泽、透明度、颜色、细腻程度等外观均与天然和田山玉极其相像，用肉眼普通消费者难以分辨。目前技术手段合成的玻璃（包括玉粉压制而成）硬度都不如和田玉，有的用小刀可划动，有的可能划不动这时需要较大倍数宝石显微镜下观测样品内部结构构造特征并测量密度，折射率等物理数据，否则很难做出准确的判断。当然，玻璃仿的再像，也仿不出真正和田玉体如凝脂，精光内蕴，厚质温润，脉理坚密，声音洪亮的特征的。

六、和田玉把玩件的保养

① 玉怕火，怕磕碰，怕油腥。对于和田玉来说，贴身佩戴，可以人玉合一。人身体所出的汗液亦可养玉，使和田玉的光泽越来越好，正所谓"人养玉，玉养人"。尽量避免与香水、化妆品接触。子玉和古玉有一个转化的过程，需要人的体温帮助，汗液会使它更透亮，所以子玉和古玉可与汗液多接触，因为人的汗液里含有盐分、挥发性脂肪酸及尿素等，可使子玉和古玉表面脱胎换骨，愈来愈温润。而新

白玉福寿把玩件

玉质洁白油润，佛寓意福，造型憨态可掬，顶部为巧雕寿字

玉器接触太多的汗液，却会使外层受损，影响其原有的鲜艳度，尤其是羊脂白玉雕琢的器物，更忌汗和油脂。很多人以为和田玉愈多接触人体愈好，其实这是一种误解。羊脂白玉若过多接触汗液，则颜

色可能变化为淡黄色不再纯白如脂。玉石的清洁也很简单，用牙刷和清水就可以清洁了，切忌放入化学制品，这样会破坏玉的光泽。

② 佩戴避免与硬物碰撞，和田玉硬度虽高，但也需珍爱养护，避免不必要的损坏。佩挂件不用时要放妥。最好是放进首饰袋或首饰盒内，以免擦花或碰损，尽可能避免灰尘；把玩件悬吊饰物，要注意系绳是否牢固。仔细的话应该偶尔打打蜡，放在阳光适中，温、湿度适中的地方；玉器表面若有灰尘的话，宜用软毛刷清洁；若有污垢或油渍等附于玉器表面，应以温的淡肥皂水洗刷，再用清水冲净；切忌使用化学除油剂。如果是雕刻十分精致的玉器，灰尘长期未得到清除，则可请生产玉器的专业工厂、公司清洗和保养；擦拭和田玉把玩件污渍和水迹时要用清洁、柔软的白布抹试，不宜使用染色布或纤维质硬的布料。经常佩戴并时时摩挲，天长日久会使玉石呈现出一种特殊的油亮光泽，就像表面渗出油来，即所谓的"出浆"。

白玉山羊开泰

洁白油润，雕有两只山羊和两株梅花

第三章 翡翠把玩件

一、翡翠概述

一 翡翠名称的由来

翡翠的英文名称是 Jadeite，即硬玉。来源于西班牙语 Picdo de jade 的简称。传说翡翠汉语名称来源于古代的一种鸟，这种鸟的毛色十分美丽，雄性呈艳红色，称为翡鸟。雌性呈艳绿色，称为翠鸟。由于自然界产出的硬玉多见绿色和红色两种颜色，红色和绿色硬玉的颜色深受东方民族尤其是中华民族的喜爱。于是沿用鸟的名称，红的叫翡、绿的叫翠。渐渐地"翡翠"这一名词就成为硬玉这种玉

翡翠小雕件

巧雕，外皮黄褐色，水头好，造型山、松、竹，内部白色翡翠，细腻，水头好，整体好似两位老者祝贺节节高升，寿比南山

石的名称了。实际上翡翠主要是由硬玉或由硬玉及其他钠质、钠钙质辉石（钠铬辉石、绿辉石）组成的、具工艺价值的矿物集合体，可含少量角闪石、长石、铬铁矿等矿物。

金玉满堂把玩件

翡翠巧雕，红翡金鱼，绿色为水草，白色透明为水

翡翠龙章

紫是代表寿，绿色代表禄，水头不好，瓷地

二 翡翠的开采、利用历史

翡翠的开采和利用历史较短，翡翠最早引入中国是在元代，翡翠作为玉饰品大量使用是在清代，仅有 300～400

年的历史，但其虽短暂却很辉煌，其荣耀很快超过了软玉。不论是清宫旧藏还是帝陵的殉葬品中，都有许多精美绝伦的翡翠玉器。清朝翡翠保留到现代的如朝珠、翎管、鼻烟壶、烟嘴等。20世纪90年代以前，翡翠主要为我国香港、台湾地区及新加坡等国的华人收藏佩戴，但民族的文化底蕴导致富裕了的国人对翡翠的喜爱。今天，翡翠也作为五月份的生辰石而被人们接受。

二、翡翠的形成

大约在13世纪，在缅甸北部山谷中发现了翡翠，从那以后，缅甸一直是世界上优质翡翠的主要产出国。传说这一发现是中国云南一驮夫在从缅甸返回腾冲的途中，为了平衡驴驮物品两边的重量，在今缅甸勐拱地区随手拾起路边的石头放在驴驮上，回家后发现是一块玉石，经打磨后碧绿可爱，这块玉石就是翡翠。

关于缅甸翡翠的矿床成因有几种观点，主要有区域变质成因、气成热液交代矿床等学说。

◎**区域变质说：**世界上最优质的翡翠产于缅北克钦邦的乌龙河上游干昔山地区，该区处于大地构造中印度板块与欧亚板块的碰撞缝合部位。板块的碰撞产生的地质应力作用，在低温高压状态下形成了蓝闪石石棉，进一步变质最后形成翡翠。

翡翠佰财

全绿，水头好。如果绿色更正一些，
颜色变化一些形成巧雕会更好些

◎**气成热液交代说：**由于板块的碰撞，产生大量的碱性玄武岩和超基性岩的侵入，后期花岗岩侵入到超基性的蛇纹岩化橄榄岩中形成的双向交代作用形成。

◎**目前翡翠矿床根据产出状况可分：**两大类四种类型：原生翡翠矿床、次生翡翠矿床两大类。次生翡翠矿床又分为第四季砾岩层翡翠矿床、残破积翡翠矿床、现代河床翡翠矿床。

总称。矿物主要有硬玉、绿辉石、钠铬辉石、钠长石等矿物。究竟硬玉的含量是多少算翡翠，没有明确的界限。现在一般折射率1.66、密度3.25～3.33克/立方厘米左右的硬玉岩或硬玉辉石岩，只要达到宝石级就定为翡翠。翡翠中硬玉矿物分子式为$NaAlSi_2O_6$，Na离子可被Ca、K离子替代，而Al离子可被Cr、Fe、Mn、Mg离子等替代，形成类质同象而不影响翡翠的原来的结构。这些杂质元素的替代使硬玉呈现各种颜色，从而具备工艺价值。一般铁离子致色会形成绿色。随着翡翠中的铁含量逐渐增多，翡翠就会出现偏蓝的底色。

表面有钱串和如意

葫芦

三、翡翠的产地与特征

一　翡翠的矿物组成

翡翠是以硬玉为主的多种矿物的集合体，也就是说硬玉多才是翡翠。翡翠中除了主要矿物硬玉外，还含有绿辉石、钠铬辉石及钠长石、角闪石、透闪石、透辉石、霞石、霓辉石和磁铁矿等矿物。硬玉是一种辉石类矿物，是钠铝硅酸盐类矿物。传统意义上的翡翠是以硬玉占主导地位（占80%）的集合体。商业中翡翠是一种达到宝石级的硬玉岩或辉石岩的

螳螂捕蝉

巧雕

钠铬辉石、绿辉石、钠长石是翡翠的主要伴生矿物，随着硬玉岩岩石中的这些伴生矿物的含量变化，翡翠的物理化学性质会发生变化。当钠铬辉石占了主导时，比例高于硬玉，这时会变得很干涩。就是平时所说的干青。干青种翡翠主要由钠铬辉石

组成，含铬较高，颜色鲜艳但透明度差，颗粒粗而含有其它如钠闪石等矿物。除了透明度差外，其颜色分布多成块状或斑状青绿色至深绿色。干青已经不属于狭义上的翡翠了。当绿辉石的含量为主时，就是油青种的翡翠了。当钠长石的含量占主导时，就变成了钠长石玉，即水沫子。

二 结构与翠性

1. 结构

所谓结构是指组成矿物的颗粒大小、形态及相互关系。硬玉矿物为单斜晶系的柱状晶体，但单晶体极少见，通常呈粒状和纤维状集合体状态产出。翡翠常见的结构为纤维交织结构、粒状纤维结构等。翡翠的交织结构在鉴定中具有重要的意义，这些结构特征明显有别于其他玉石的结构特征。

（1）纤维交织结构

纤维状的硬玉等矿物近乎定向排列或交织排列在一起。由于纤维交织结构中细小的纤维状硬玉矿物紧密交织在一起，因此，翡翠有很强的牢固性，这就是翡翠为什么有韧性好、硬度高的特点。翡翠成品经久耐用。

（2）粒状纤维交织结构

翡翠中粒状、纤维状的矿物颗粒近乎定向排列或交织排列在一起，通常颗粒较粗，边界平直。

（3）粒状结构

根据翡翠中矿物颗粒的粒度分为显微粒状、细粒状、中粒状、粗粒、巨粒状结构。粒状结构的韧性要比纤维状结构的韧性差。粒状结构的翡翠地子干、粗，翡翠的质量不好。

（4）糜棱－超糜棱结构

当受到较大的剪切应力的作用时，翡翠原来的

吉祥富贵

枯木逢春

结构会发生进一步的变化，翡翠较大的颗粒碎裂成细小颗粒，当剪切作用更强时，则发展成糜棱-超糜棱结构，这时矿物透明度高，致密而细腻，高档翡翠多属于此。

2. 翠性

翠性实际上是翡翠的解理特性。即硬玉矿物具有的两组完全解理，在翡翠中出现片状或丝状闪光，俗称"翠性"。在反光下，在翡翠成品中用肉眼或借助放大镜可以观察到，这是鉴定翡翠的一个重要标志。大一点的闪光俗称"雪片"，小一点的俗称"苍蝇翅"。翠性不仅是翡翠基本的、重要的鉴定特征，也是识别翡翠与其它易混的玉石及有关仿制品的重要区别标志。翡翠中硬玉矿物的颗粒大小决定了翠性大小。晶粒大者，翠性大；晶粒小者，翠性小。翠性大的翡翠质地粗糙，透明度差。翠性小的翡翠质地细腻，透明度好。玻璃种、冰种的翡翠一点都看不到翠性，所以购买高档翡翠也应注意看走眼而引起巨大的经济损失。

三 颜色

翡翠的颜色多种多样，有绿、紫、红、灰、黄、白及黑等色。翡翠的颜色主要取决于硬玉矿物的化学成分，无色和白色硬玉（翡翠）不含或很少含杂质元素。紫色和绿色硬玉（翡翠）所含杂质元素的含量不同，绿色者比紫色者含 Cr、Mg、Ca 高。在众多的颜色中以绿、紫、红三色为主，它们都是翡翠中的高档颜色，其中尤其以绿色最为艳丽与名贵，

紫色和红色次之，其它颜色均较差。

（1）白色

不含任何杂质的硬玉（成分为纯 $NaAlSi_2O_6$），应是纯净的白色，但自然界没有绝对纯的，一般白色包含略带灰、略带绿、略带紫、略带黄或略带褐的白。带任何杂色调特浅的翡翠，如果种好，如玻璃种、冰种目前也是极为抢手的，有的加工成戒面，有的加工成挂件，目前价格都不菲。

貔貅

（2）绿色

绿色是翡翠的常见颜色，也就是通常所说的"翠"。这种绿色主要是由微量的 Cr、Fe 杂质替代 Al 引起的，而且 Cr、Fe 的含量直接影响着绿色的深浅，Cr、Fe 含量越高，颜色越深。绿色翡翠由浅至深分为浅绿色、绿色、深绿色和墨绿色，其中以绿色为最佳，深绿色次之。大多数绿色翡翠都或多或少地含有杂色调，杂色调的明显程度影响着翡翠的价格。常见带杂色的绿色有：黄绿、灰绿、蓝

绿，其中黄绿如果黄色调很浅，仍不失翡翠的艳丽。黄绿色好于蓝绿色，黄绿色显得娇嫩，蓝绿色显得较老。蓝绿色好于灰绿色，灰绿色显得较阴。绿色是评价翡翠的重要依据，描述翡翠的绿色有很多种，有的用比较法，如苹果绿、菠菜绿等，有的用描述法如黄绿、灰绿色等。常常同一种绿色由于描述的不同出现不同的名称。在中国民间常用三十六水、七十二豆、一百零八蓝来描述翡翠颜色的多样性。

翡翠中尤以绿色为最珍贵。在翡翠所有颜色中绿色变化最大，鲜艳的绿色最受中国人喜爱，也最符合中国人的审美情趣和文化心理。近年来珠宝行业界将翡翠的绿色品种总结归纳为以下主要几种：

◎**翠绿**：绿色浓艳均匀，透明度高。包括玻璃艳绿、艳绿、玻璃绿、宝石绿、祖母绿等高档次的绿色。

◎**阳绿**：黄绿色，好像初春黄杨树的嫩叶，色彩明亮、鲜艳。包括阳俏绿、鹦哥绿、葱心绿等颜色，带有黄色调。

◎**豆绿**：色绿如青豆色，此品种最常见。常有"十绿九豆"之说。

◎**菠菜绿**：色如菠菜叶，暗绿色。

◎**白地青**：白绿非常分明，绿色很阳，水头差，结构较粗。

荷花

荷叶正绿，荷花粉白温润，形象逼真

◎**青绿**：绿中微带青色或青中有绿。包括瓜青和瓜绿。

◎**蓝绿**：绿中带蓝色，也即蓝水。

◎**水绿**：色浅、较匀。地色不分的一种淡绿色品种。

◎**江水绿**：绿色闷暗，色虽较匀，但有混浊感。

◎**灰绿**：绿中带灰。一般质地较粗，水头差。

◎**灰蓝**：蓝中带灰。

◎**油绿**：暗绿色，绿中带灰蓝色调，不鲜艳。

◎**油青**：暗绿色，比油绿更暗，带油脂感。

◎**墨绿**：墨绿色，黑中透绿。

◎**兰花**：在浅色的地子上呈斑状或点状分布着蓝绿色，有的水头好，有的水头差。

（3）紫色

可有浅紫色、粉紫色、紫色和蓝紫色，是比较少见的一种颜色。紫色翡翠也称为紫翠，过去传统

翡翠巧雕

颜色反差大，明显形成两部分。整体水头较好，但颜色不正，偏淡

观念认为紫色由微量 Mn 致色，现在也有人认为是 Fe^{2+} 和 Fe^{3+} 离子跃迁而致色。由于紫色被人们寓为"寿"，所以多用来馈赠老人以表祝贺长寿之意。

（4）黑色

翡翠的黑色有两种，一种是深墨绿色，主要是由于铬、铁含量高造成的，强光源照射呈绿色；但因颜色太深，在普通光线下成黑色。

另一种是深灰至灰黑色，是由所含的暗色矿物杂质造成的，看上去很脏，属于较为低档的翡翠。珠宝界常称黑色部分"脏"或"苍蝇屎"，很少大块出现，常呈斑点状。

（5）黑褐色

又称"狗屎地"色。此色多见于原料的皮壳部分。该品种的皮壳的内部常有好的绿色，因而有"狗屎地出高翠"之说。

（6）黄、红色

属于次生色。白色、绿色或紫色翡翠形成后，由于在地表遭受风化淋滤，使 Fe^{2+} 变成 Fe^{3+} 形成赤铁矿或褐铁矿微粒，并沿翡翠颗粒之间的显微缝隙慢慢渗入而成。人们常把红色、黄色翡翠称为"翡"或"红翡"或"黄翡"。

（7）组合色

在翡翠的商贸中，人们将翡翠的红、绿、紫、白、黄五色分别寓为福、禄、寿、喜、财。在一块翡翠上同时有几种颜色则都伴有美好的寓意，如春带彩（春花）、福禄寿等。春带彩：紫色、绿色、白色在

一起，紫、绿无形，有春花怒放之意。福禄寿：红、绿、紫同时存在于一块翡翠上，象征吉祥如意，代表福禄寿三喜。在自然界中，翡翠的颜色千变万化，丰富多彩。浓艳的绿色、亮丽的红色和柔美的紫罗兰色为人所爱。

的玉石制作的玉器抛光性好，同时保存时不易受损，越把玩光洁度越好。翡翠的硬度高于玻璃的摩氏硬度5，在选购翡翠饰品时，用其在玻璃上刻划会留下明显的划痕，而翡翠却丝毫不会被损伤。硬度高的玉料，雕刻可琢出细腻而流畅的线条，雕刻时不易损坏，可以精雕细刻。

与颜色搭配不尽合理

有白色、红色、绿色，但造型

翡翠龙把件

四 硬度

翡翠的硬度为 6.5 ～ 7。硬度是指玉石抵抗外来作用的能力，如刻划、磨蚀、压入，是矿物本身固有的特性。翡翠是多种矿物的集合体，不同硬度的矿物组成的玉石的硬度不同，所以翡翠的硬度有一个变化的范围。硬度是鉴别玉石的主要标志之一，对玉器的琢磨加工很重要。硬度大

福寿如意翡翠挂件

巧雕，黄色浓艳，水头好，造型是蝙蝠和灵芝，白色有寿瓜

五　光泽

光泽是玉石表面对光的反射能力。翡翠的光泽有玻璃光泽、蜡状光泽。每种玉石的光泽都是一定的，不同玉石之间的光泽有一些差别，利用这些差别可以初步鉴定玉石的品种。

六　翡翠的韧性

韧性是指物体抵抗打击、撕拉、破碎的能力，抗打击、撕拉、破碎强为具韧性或韧性强，与脆性相对，受打击易破碎为脆性。

韧性与矿物的晶体结构、构造有关。一般单晶体的宝石的韧性小、脆性大，而玉石则韧性大、脆性小。微晶集合体的黑金刚石的韧性最大，因为黑金刚石微晶之间的结合力是最强的。在玉石中具纤维交织结构的玉石韧性强于具粒状结构或纤维粒状结构的玉石。具毛毡状结构的玉石，其韧性又大于具纤维交织结构的玉石。如和田玉的结构为毛毡状结构，翡翠的结构多数是纤维粒状结构，所以翡翠的

韧性比和田玉的韧性小。独山玉、石英岩玉的结构多为粒状结构，其脆性大，加工出的成品易碎，所以价格比不上翡翠与和田玉。

常见宝玉石的韧度从高到低的顺序是黑金刚石、软玉、翡翠、刚玉、金刚石、水晶、海蓝宝石、橄榄石、绿柱石、黄玉、月光石、金绿宝石、萤石。可见萤石的脆性最大。萤石在自然界虽然颜色艳丽丰富，但加工成一件好的珠宝饰品非常不宜，而且还容易破碎，难于

佛

三色翡翠巧雕。黄色外壳，绿色灵芝，白色佛，水头好，绿色偏少、偏淡

保存。因此萤石属于低档玉石。当然经久耐用也是相对的，不是绝对的，不要去做实验，以免受到不必要的损失。

七　折射率和密度

翡翠的折射率约为 1.66。翡翠的折射率是光在空气中的传播速度与在翡翠中的传播速度之比。翡翠的密度为 3.24 ～ 3.43 克 / 立方厘米，与二碘甲烷密度相近，大部分翡翠，如果放在盛有二碘甲烷的容器中，会呈悬浮状态浮在二碘甲烷中。折射率、密度是宝玉石固有的物理学性质，每一种宝石或玉石的折射率和密度都不相同，这就为我们鉴别宝玉石的品种提供了依据。经常有顾客问折射率和密度是大好还是小好。每一种玉石的密度是有一个相对的固定的范围的，玉石的质量对玉石的密度有一定的影响，玉石的质量越好密度越大，同一种玉石如果颗粒大、结构松散，其密度就小，质量一定差，和田玉的籽料结构紧密，密度一般比山料大，价格也高。

八　透明度

翡翠的透明度为透明到不透明。透明度是指玉石允许可见光透过的能力的大小。一般来说翡翠的矿物颗粒越细，则透明度（即"水头"）越好、光泽越强；颗粒越粗，则透明度越差、光泽越弱。

福禄寿翡翠把玩件

颜色偏淡、不正，但水头好。雕有蝙蝠、葫芦、蟾、元宝，寓意招财进宝

四、翡翠的种水分类

一　种水概念

翡翠的种水是指翡翠的矿物组成、颜色、质地、透明度的总称。种水在翡翠中占着很重要的地位。种水在过去传统分类中分为老坑种或老种、新坑种或新种。老坑种质地细腻、结构紧密、透明度好，颜色深或鲜艳，原料多为砾石即籽料。新种质地较粗，透明度不好、颜色一般较鲜艳，多为山料。

翡翠的质地包括结构、透明度两部分。翡翠结构的精细程度直接影响其质地、水头、光泽和硬度。颗粒细小，结合紧密的翡翠则温润细腻，是高档翡翠的必备条件。颗粒粗大，结构松散的翡翠质量将明显下降。

透明度是评价玉石的主要技术依据。透明度高者，常说成水头足，水头好，水头长，透明度越高越好。通常测试翡翠水头的方法是，如光线能穿透玉料达到 3 毫米的深度为一分水，能穿透玉料达到 6 毫米的深度为二分水的翡翠，能穿透玉料达到 9 毫米的深度为三分水的翡翠。一分、二分水就可以认定为上等质量的翡翠。非常透明的为玻璃地，尚透明为冰地、不透明为粉地。透明度和结构有直接的关系，质地越细，透明度越高，质地越粗，透明度越差。

三阳开泰

水头好。顶部为祥云、太阳，下面有三只羊，背景为山、松树

地子是决定翡翠优劣的重要依据，它是挑选与鉴别翡翠的第一个直观感觉。在翡翠的地子与颜色之间，有一种相互映照的作用。地子好的翡翠可使颜色浅的翡翠显得晶莹漂亮，使不均匀的颜色显得均匀，结构不细腻的翡翠显得细腻。行内有句话，不怕没有色，就怕没有种。映照对翡翠的颜色起着很大的关连作用，好的映照，就会将翠色衬托得晶莹柔和，地子也会被映得润滑融和；反之则使翠色与地子显得强硬，生板，有种截然隔离的呆板感。所以照映的好与否，直接影响到翡翠的色彩的柔和。

影响到翡翠质地的好坏的还有"绺"。绺，是民间俗称，实际上它是翡翠上各种裂痕，有大有小，有细有粗。大的绺裂有恶绺、大绺、通天绺等。小的绺裂有小碎绺、层绺、立绺等。特殊的绺裂有随

绿绺等。

三色翡翠吉祥如意

上面为鸡（吉），中间为大象（祥），淡绿色部分为灵芝（如意）。水头一般，黄色外皮利用得也一般

（二）常见翡翠种水

现在玉石行业中常见的翡翠种水分类有以下几种。

1. 玻璃种

完全透明，具玻璃光泽，纯净无瑕疵，无杂质，结构细腻，清澈，韧性强，像玻璃一样均匀，无棉柳或石花。在10倍镜下无矿物颗粒感。可以为无色，也可为有色，玻璃种与单晶体宝石类似，极少见石纹，若有杂质则多为棉絮渣状。常可见内部有发光现象，也叫起莹，是所有种质中的最高等级，不受颜色限制。玻璃种是十分水的翡翠。

玻璃种翡翠观音
通透、纯净无色

2. 冰种

顾名思义，其结晶清亮似冰或冰糖感觉，半透明至透明，给人以冰清玉莹的感觉。干净、质地细腻，不如玻璃地透。在10倍镜下无矿物颗粒感。无色或有色，冰种的特征是外层表面上光泽很好，

其质地可见细微小石花、棉絮等。玻璃种、冰种是高档翡翠。冰种是八分水的翡翠。若冰种翡翠中有絮花状或断断续续的脉带状的蓝颜色，则称这样的翡翠为"蓝花冰"，是冰种翡翠中的一个常见的品种。冰种玉料常用来制作手镯或挂件。无色的冰种翡翠和"蓝花冰"翡翠的价值没有明显的高低之分，其实际价格主要取决于人们的喜好。

冰种翡翠踏雪寻梅
仕女寻梅，构成白雪，无色，内含少许点状棉絮，整体呈雾状，阳雕。

3. 糯种

质地要透不透，具有如熟糯米之细腻感，一般所称之芙蓉种与此质地接近。晶体犹如蛋清一般，水头足，呈半透明；在10倍镜下无矿物颗粒感。糯种是六分水的翡翠。

4. 芙蓉种

颜色多为淡绿色，不带黄，绿得较纯正清澈。使人能感到颗粒状，但看不到颗粒界线。质地比豆种细。色不浓但清、不是很透但不干。若其中分布有不规则的深绿色时叫做花青芙蓉种。

芙蓉种牛

雕有牛、麦穗，寓意丰收

5. 金丝种

　　绿色较鲜艳并且形成一丝丝平行排列的翡翠称为金丝种。绿色沿一定方向间断出现，绿色条带可粗可细、可短可长，可疏可密。地子从透明到半透明。又可细分为玻璃地金丝、冰地金丝、芙蓉地金丝、豆地金丝等。

6. 紫罗兰种

　　紫罗兰是一种紫色翡翠，颜色像紫罗兰花的紫色，珠宝界又将紫罗兰色称为"椿"或"春色"。紫色根据色调的不同可细分为粉紫，紫色中微带粉色；茄紫，紫色中带有茄子般的紫红色；蓝紫，紫色中带蓝。质地多为中至粗的粒状结构，细粒者少见。粉紫通常质地较细，透明度较好，茄紫次之，蓝紫再次之。翡翠中的紫色一般不深，紫罗兰色的翡翠质地多数不好，所以做戒面较少，多用于大型雕件及小挂件。若是紫色深的、质地细的、透明度高的则价格也高。并非只要是紫罗兰，就一定值钱，

紫罗兰色金蟾

金蟾嘴里吐钱、身上挂钱，淡紫色，有高贵、神秘之感

66

一定是上等的紫色翡翠价值才高。紫罗兰翡翠也有高、中、低各个档次，还须结合质地、透明度、工艺制作水平等质量指标进行综合评价。

7. 油青种

　　一般把翡翠绿色较暗的品种称为油青种。颜色不是纯的绿色，带灰色调或蓝色调，因此较为沉闷，不够鲜艳。透明度较好，结构是纤维状，比较细腻，油脂光泽，故称油青种。颜色较深的，也可称为瓜皮油青。油青种翡翠从表面看起来有油亮感，是市场中随处可见的中低档翡翠，常制作挂件、手镯，也有做成戒面的。

可能来源于：蜘蛛和甲虫：的故事，象征爱情

中间有甲虫，上部有蜘蛛，周围全是金钱，

油青种

8. 蓝花种

　　主体部分无色或颜色十分清淡，蓝绿色或蓝灰色的闪石矿物呈分散状不规则花纹形态分布。

9. 蓝水种

　　质地细腻通透且通体浅灰蓝的绿辉石翡翠。其矿物成分主要为绿辉石，次为硬玉，具细粒－纤维变晶结构，与油青种比较，它的颜色较活泼，有的泛浅绿。

10. 红翡种

　　颜色红、红棕色，在市场中很多。红翡的颜色是翡翠生成后才形成的，它是由于铁矿浸染所致。好的红翡色佳，具有玻璃光泽、细、中、粗粒结构均有，其透明度从不透明到透明。其中艳红翡色鲜、质细，十分美丽，是翡中精品。红翡制品常为中档或中低档商品，但也有高档的红翡：色泽明亮、质地细腻。

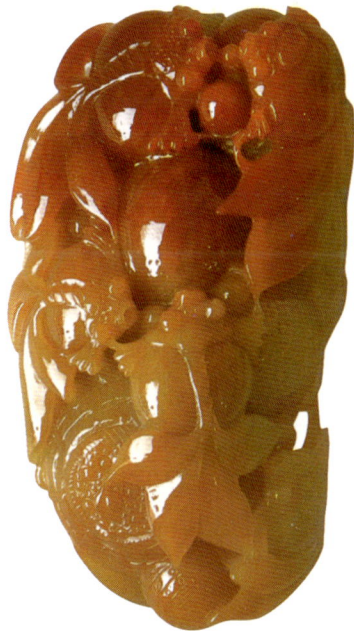

黄红翡连年有余把件

11. 黄翡种

　　颜色从黄到棕黄或褐黄的翡翠，透明到不透明。这一系列颜色的翡翠制品在市场中多见。它们的颜色也是翡翠生成后才形成的一种次生色，常常在红色色层之上，是由褐铁矿浸染所致。一般情况下在市场中，红翡的价值高于黄翡，黄翡则高于棕黄翡，褐黄翡的价格最差。

12. 白底青种

　　白底青的特点是其底色较白，绿色在白色的底子上显得很鲜艳，更显绿白分明。质地较细，绿色多呈团块状分布。透明度差，为不透明或微透明；玉件具纤维和细粒镶嵌结构，但以细粒结构为主；在显微镜下观察，翡翠表面常见孔眼或凹凸不平。该品种多为中档翡翠，少数绿白分明、绿色艳丽且色形好的，可达中高档品级。

13. 天（铁）龙生种

　　天龙生种是一种具有鲜艳绿色，几乎全部较鲜的绿色，即满绿。差的部分含有白花和黑点，呈较松散的中等的粒状结构，透明度差，是中档翡翠，在市场中经常可以看到。"铁龙生"取自缅甸语的语音，即满绿。

14. 花青种

　　绿色呈脉状分布，分布不规则，其底色可能为淡绿或其他颜色，常见浅灰色或豆青色，有时分布较密集，有时较疏落，可深可浅。花青翡翠质地有粗有细，其结构主要为纤维和细粒－中粒结构。质地可粗可细。花青翡翠的特点是绿色分布不均。有的分布较密集，有的分布较为疏散，颜色有深也有浅。水头不足，因其结构粗糙，所以透明度往往很差，为半透明。花青属中档或中低档品级的翡翠。

白地青龙凤呈祥

15. 干青种

此类翡翠绿色色浓且纯正，透明度差。玉质较粗，矿物颗粒短柱状，绿色鲜艳耐看，绿色一般不规则，呈斑状出现。

黄翡蜥蜴把玩件

褐黄色，通体均匀

16. 干白种

质地干而不润的白色或浅灰白色翡翠系列，质地较粗，肉眼晶体界线可见，不透明。是零分水的干白种翡翠，简单地说就是种粗、水干、不润。此品种无色或色浅，使用及观赏价值低，是一个低档次的翡翠品种。

17. 豆种

肉眼能分辨柱状晶体，不透明，质地粗、干，如豆般不太通透，透度只人表面二分，常多棉柳、苍蝇翅、稀饭渣等，此种质在强光下照射一段时间易起小白花。敲击声音呈石声。绿者为豆绿，青者豆青。产量多。饰品可加工成佩、镯、雕件，属低中档。豆地是一分水。

18. 墨翠

外表看黑得发亮，但在透射光下观察，则是呈

豆种翡翠花生、如意

颗粒粗，肉眼可见

墨翠佛把玩件

墨翠为一层，背景为原石

时间的推移，会出现老化现象，就是原来在翡翠缝隙、孔洞中充填的外来物质不像一开始充填时那么结实，有疏松脱落现象。翡翠的光泽、颜色、水头等均发生变化，变得不如开始处理完时漂亮了，露出了原来的本来面目。处理是指"非传统的、尚不被人们接受的各种改善方法"。漂白充填处理的翡翠常选用未抛光的、结构不太紧密，颜色泛黄、泛灰、泛褐等脏色调的翡翠成品或原石。早期"B"货翡翠主要是选好料后用酸浸泡直到腐蚀掉表层的杂色和污点后，再涂上一层蜡，填平缝隙。这种早期"B"货翡翠容易鉴别。只要看光泽就可区分，因为蜡的光泽明显低于翡翠的玻璃光泽。如果用热针去试验，蜡会融化变软。近期的 B 货翡翠通常经过选料、强酸浸泡或叫白渣化、弱碱中和、清洗、烘干、填充、抛光等步骤完成。漂白充填的翡翠结构受到破坏，充填的胶质固结物经过一段时间后会发生老化现象，翡翠的光泽、颜色、"水头"等均会发生变化，影响了翡翠的耐久性。

2. 染色处理

原来无色或浅色的翡翠经过染色使其颜色变得有色或颜色更鲜艳。染色的方法很多，有直接放入染料中稍微加热，浸泡的时间长短要根据翡翠的大小和质地而定。也有先将翡翠加热产生裂隙后放入染料中染色也叫炝色。这种染色方法可以减少翡翠浸泡时间。染过色的翡翠需烘干、上蜡，以增加透明度，并且掩盖裂隙。纯染色或炝色的翡翠在市场上不是很多。俗称 C 货翡翠。

市场上多是酸洗之后的翡翠直接充填有色胶结物，即 B+C 货翡翠。B 货、C 货和 B+C 货，翡翠鉴定证书或商家在标识上必须注明"处理"。

B 货翡翠

颜色浮于表面

天然松下问童子翡翠雕件

水头较好，有山、有楼亭、有古松

把玩件把玩收藏知识百科

染色处理的翡翠耐久性差，颜色不能进入晶体的内部，只是存在于矿物颗粒之间的缝隙中。当受到光线的长期的照射、酸碱溶液的腐蚀或受热等作用，颜色会褪色、变淡，最后甚至无色。

3. 覆膜翡翠

在翡翠的表面覆着一层绿色的薄膜。也叫"穿衣翡翠"。这种翡翠表面的薄膜容易脱落。

4. 拼合翡翠

把无颜色的翡翠和有颜色的薄翡翠片用胶粘合在一起，充当高档翡翠。原石中更常见，如在翡翠原石中讲到的假门子。

四 优化处理翡翠的鉴别

1. B 货翡翠的鉴别

观光泽

由于翡翠中有树脂或塑料的充填，使得翡翠的光泽呈现树脂光泽、蜡状光泽、或是玻璃光泽和蜡状光泽、树脂光泽混合。

观颜色

酸处理过的 B 货翡翠虽然仍然是原来的颜色，但这时的颜色分布较浮，发飘，不自然，无色根。

观结构

用反光观察翡翠表面有明显的蛛网状、沟渠状纹。透光观察，内部有纵横交织的裂隙。观察结构可以借助于放大镜或显微镜可能效果更好。

沿裂隙观察，有明显的不同于翡翠的物质的充填，有时可见气泡。

测密度、折射率

漂白充填处理的翡翠多数密度、折射率略低，密度为 3.00 ～ 3.20 克／立方厘米，折射率为 1.65 左右（点测）。但由于翡翠是矿物集合体，某些天然翡翠的折射率和密度也可能偏低，所以密度和折射率只能作为参考数据，不能作为决定性的依据。

荧光

早期的 B 货翡翠都有强的黄绿色荧光或蓝白色荧光，但近期的 B 货翡翠有的无荧光。

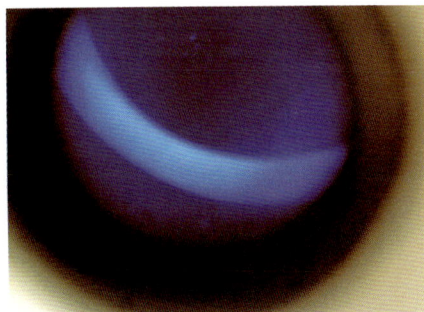

B 货翡翠在紫外荧光灯下发蓝色荧光

听声

用细绳把 B 货翡翠吊起来，轻轻敲击后会发出沉闷的声音，明显区别于天然翡翠清脆之声。这种方法对翡翠手镯最为实用。

红外光谱仪

红外光谱仪是鉴定翡翠最有效的大型仪器。天然翡翠每厘米波长内的波长数在 2600 ～ 3200 区间透过率好，不存在吸收峰。漂白充填处理的翡翠由于成分中含有有机物，而且不同的充填物呈现不同的吸收峰。B货翡翠有明显的吸收峰。

热反应

B货翡翠加热200～300摄氏度后胶质发生碳化。

B货翡翠经过一段时间后会发生老化现象，翡翠的光泽、颜色、"水头"等均会发生变化，整个翡翠变得很难看，无耐久性可言。

2.C货翡翠的鉴别

放大观察

经过染色处理的翡翠，颜色沿裂隙分布，在较大的裂隙中可见染料的沉淀或聚集。仔细观察肉眼即可看出，颜色过于鲜艳，不自然。这是鉴定染色翡翠的最直接的证据。

天然翡翠茶具

质地细腻，颜色粉嫩，雕工精美，绿色巧雕灵芝

黄绿紫三色翡翠（半透明）

绿色和黄色色正，紫色偏淡，巧雕应用恰当

查尔斯滤色镜

不同的染色剂染色的翡翠在查尔斯滤色镜下的反应是不同的，如果绿色翡翠在滤色镜下变红，说明该翡翠是染色的。如果绿色翡翠在滤色镜下还是绿色，该翡翠可能为天然翡翠也可能是染色翡翠，这时就要找其他的证据来确定。

光谱特征

用可见光分光镜观察，在650纳米处出现宽的吸收带，说明是染色的。

紫外荧光

某些染色翡翠在紫外荧光灯下，会发出黄绿色或橙红色（染红色）荧光。

红外光谱

有机染料染色的翡翠在红外光谱中每厘米波长内波长数为2854和2920时出现吸收峰，

说明存在有机物。

C货翡翠随着时间的流逝，其颜色会渐渐变淡。

B+C 货的鉴别同 B 货和 C 货。总之，B 货和 C 货都没有保值功能。但不是 A 货翡翠的价值就一定高，有的 A 货翡翠的价格也非常低。

3. 覆膜翡翠的鉴别

覆膜翡翠的特征是外观颜色均匀，看不清颗粒，有雾里观花的感觉。手感较涩，光泽为树脂光泽。放大观察局部有气泡。折射率为 1.56 左右。用指甲划有膜脱落现象。

4. 拼合翡翠的鉴别

鉴定拼合翡翠首先观察翡翠的颜色，颜色无色根。寻找拼合缝，拼合缝硬度小，用针可划动，有时在缝隙中可见气泡。

翡翠雕件安居乐业

巧雕，黄褐色三个鹌鹑，白色三个鹌鹑蛋，其中一个白色鹌鹑破壳待出。

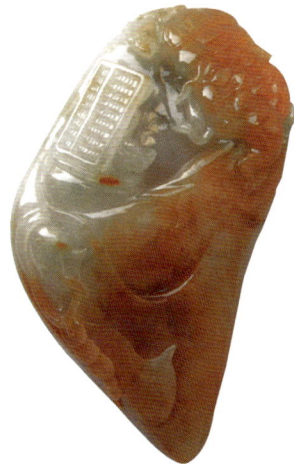

算盘、元宝、钱串　**翡翠把玩件**

墨翠罗汉佛珠

黑色，面部表情细腻

5. 合成翡翠的鉴别

合成翡翠

早在 16 世纪，研究人员就将色素离子加到玻璃中仿制彩色宝石,17 世纪开始在实验室合成宝石，20 世纪初，人们就合成了焰熔法红宝石，20 世纪后半期，合成宝石技术得到了飞速发展，合成钻石、

合成红蓝宝、合成祖母绿、合成水晶等大量出现并投入到商业中。随着科学技术的发展，合成宝石的品种越来越多，颗粒越来越大，而且成本越来越低。

人工合成翡翠技术的研究始于20世纪60年代。1963年，贝尔（Bell）和罗茨勃姆（Roseboom）发现翡翠是一种低温高压矿物，必须在高压条件下才能合成，从此开始了真正意义上的翡翠合成研究工作。20世纪80年代，我国吉林大学和中科院所等单位也进行了合成翡翠的试验。均由于实验条件所限没能实现。1984年12月美国通用电气公司（GE）在世界上首次人工合成了宝石级翡翠。GIA对合成的翡翠进行了测试，2005年，美国专利局颁发了专利，专利过期日期为2021年3月5日。

合成翡翠的方法是用硅酸钠和硅酸铝试剂及含致色离子的试剂，按翡翠构成的含量配方混合，在磨钵中磨细，放入干锅，放在高温炉加热至2700摄氏度，然后高温熔融体冷却，固结成一种玻璃状物体。再将其粒度磨碎到小于0.125毫米，然后放在600千克/立方厘米嵌样机上，加热预成型直径为14毫米高15毫米的圆柱体或直径14毫米高6毫米的圆片；将预成型的圆柱体或圆片放入高纯石墨干锅中，再将其置于高压炉中加热，结晶形成合成翡翠。

合成翡翠的鉴别

经过成分分析、硬度测定、密度测定、折射率测定、荧光测定等方面的研究，合成翡翠的化学成分、硬度、密度等与天然翡翠基本一致。通过电子探针和扫描电镜测试，样品的成分较简单，为比较纯的钠铝硅酸盐，几乎不含 Mg、Mn、Ti 等元素，

Fe 和 Ca 的含量也远比天然的少，Cr 的含量则与天然相似颜色的翡翠接近，总体显示了贫 Fe 富 Cr 的特征。主要为微晶结构，硬玉微晶局部呈平行定向排列或卷曲状—微波状构造。合成翡翠晶格内存在微量的水分子，红外吸收谱带出现在每厘米波长内波长数为3373、3470、3614处，说明合成翡翠是在高温、高压环境和水的参与条件下结晶而成。

合成翡翠目前市场上很少看到。合成翡翠的硬度、密度、成分等都与天然翡翠相同，但合成翡翠的特点是颜色不正，呆板。透明度差，矿物颗粒粗大，成方向性排列。无纤维交织结构、无翠性。

以上讲述了翡翠的优化处理，相信大家对翡翠市场中说的 A 货、B 货、C 货都有了一定的认识，那么是否 A 货就一定是好的，而且价格很高。这点大家一定要注意，A 货翡翠只证明是没有经过处理的天然翡翠，但翡翠的质量有高、有低。目前 A 货翡翠的价格差价特别大，从几十万元到几千万元甚至上亿元。所以一定要看具体的翡翠的质量才能说明好坏。

六、翡翠与相似玉石的鉴别

自然界易与翡翠相混的玉料主要有软玉、独山玉、岫玉、澳洲玉、石英岩玉、钠长石玉、符山石玉、石榴石玉、葡萄石等。

一　软玉

软玉主要是由透闪石和阳起石矿物组成。是一种硅酸盐矿物。属单斜晶系矿物。矿物晶体呈纤维状交织在一起构成致密状集合体，有时也称为毛毡状结构。质地细腻，韧性好。软玉的重要产地是中国新疆和田，那里的软玉被人们称之为"和田玉"。此外我国还有青海产的软玉，岫岩软玉。国外有俄罗斯软玉、加拿大软玉、澳大利亚软玉、新西兰软玉等。

软玉的颜色有白、青白、青色、灰色、浅至深绿色、黄色至褐色、墨色等。软玉可呈油脂光泽、蜡状光泽或玻璃光泽。多数不透明，个别半透明。硬度 6.0～6.5，软玉的密度是 2.95～3.10 克／立方厘米，折射率是 1.60～1.62。密度和折射率都低于翡翠。

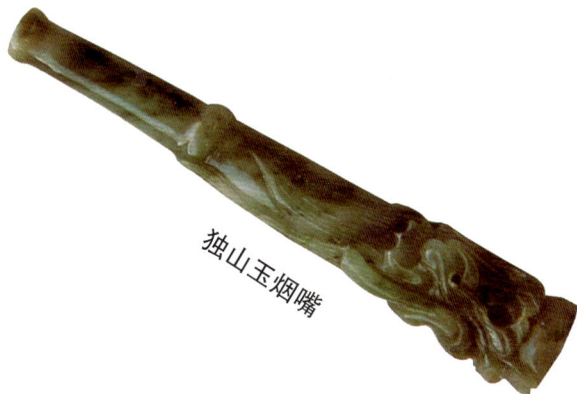

独山玉烟嘴

二　独山玉

独山玉因产于我国河南南阳的独山而得名，又叫南阳玉。是我国特有的品种。独山玉是一种黝帘石化斜长岩，主要矿物是斜长石和黝帘石。次要矿物为翠绿色铬云母。浅绿色透辉石、角闪石、黑云母等矿物。颜色有绿色、白色、紫色、褐色、墨绿等色。几种颜色常分布在同一块料上，单一颜色的很少。这是其他中低档玉石所没有的。其中蓝绿色的独山玉是独山玉的最佳品种，也叫南阳翠玉。这种独山玉与翡翠最为相似。但独山玉的绿色常成条带状或团块状分布。细粒状结构，透明度低，在滤色镜下是红色。密度 2.7～3.0 克／立方厘米，折射率 1.54～1.70。

三　蛇纹石玉

蛇纹石是一种产地很广的玉石，不同的产地有不同的名称，如产于甘肃酒泉的蛇纹石玉叫酒泉玉，

调皮的黑猴

主体为山，山脚下长着巨大的灵芝，巧雕

岫玉雕件

产于新疆昆仑山的蛇纹石玉叫昆仑玉，产于朝鲜的蛇纹石玉叫高丽玉等。最为有名的是产于辽宁岫岩的蛇纹石玉叫岫玉。蛇纹石玉的主要矿物成分是蛇纹石，次要矿物成分是方解石、滑石、磁铁矿、白云山、绿泥石、透闪石等。次要矿物的变化对蛇纹石玉的质量有明显的影响。蛇纹石玉的颜色主要有黄绿色、深绿色、绿色、灰黄色、白色、棕色、黑色及多种颜色的组合。蜡状光泽-玻璃光泽。半透明-不透明。受组成矿物的影响，摩氏硬度变化在 2.5～6 之间。蛇纹石玉颜色以黄绿色为主，色较淡，分布均匀。蜡状－玻璃光泽，硬度、密度、折射率均低于翡翠。

四 石英岩玉

石英岩玉是一种分布很广的玉石。主要矿物成分是石英，石英呈隐晶质或显晶质状态存在。粒状结构、纤维状结构，隐晶质结构。块状、条带状、皮壳状、钟乳状构造。颜色常见白色、绿色、灰色、黄色、褐色、橙红色、蓝色等。玻璃光泽、油脂光泽、丝绢光泽。常见染色石英岩玉仿翡翠，俗称"马来玉"，绿色染料沿颗粒之间的缝隙分布，可见光吸收光谱可具明显的 650 纳米吸收带。也有部分绿色石英岩玉，如东陵石，但东陵石内部有定向排列的绿色铬云母片。其他的石英岩玉具有明显的粒状结构，无翠性，密度小。密度是 2.55～2.71 克／立方厘米，折射率为 1.544～1.553。石英质玉石中的澳洲玉与翡翠相似，澳洲玉是隐晶质集合体，颜

色均匀，密度为 2.62 克／立方厘米、折射率 1.54，均低于翡翠。

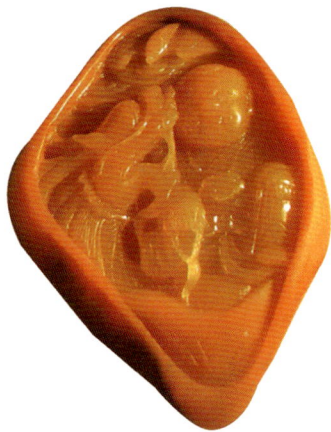

石英岩玉

油黄色，属于黄龙玉极品

五 钙铝榴石

与翡翠容易相混的主要是绿色水钙铝榴石和褐黄色钙铝榴石。水钙铝榴石在珠宝业界有很多名称，如南非玉、青海翠、不倒翁等。颜色以绿色为，偶见少量的蓝绿色、白色、无色和粉红色。粒状结构，在绿色中常见黑色斑点，密度是 3.47 克／立方厘米，折射率是 1.72，二者均都高于翡翠，滤色镜下是红色。褐黄色钙铝榴石是近两年才大量出现的，它和黄色翡翠非常相似。特点是黄色石榴石质地更细腻，看不见颗粒和翠性，光泽更强。密度 3.45 克／立方厘米、折射率 1.74 都比翡翠高。它常和府山石共生在一起。

水钙铝榴石原料

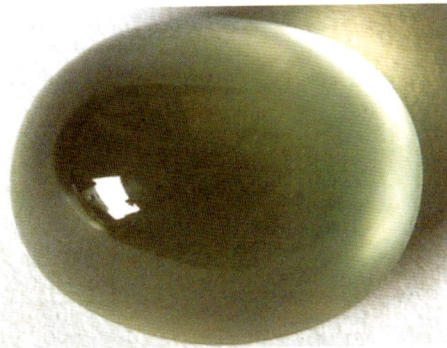

葡萄石戒面
淡绿色

六 符山石

也叫加州玉，因产于美国加州而得名。具有纤维状或放射状结构，颜色为黄、绿、褐色和黄绿色。致密块状，质地细腻。折射率1.71，密度3.40克/立方厘米。明显不同于翡翠。

七 葡萄石

黄绿色、白色、肉红、无色。呈板状、片状、葡萄状、肾状或放射状集合体。放大可见放射状、纤维状结构。密度2.80克/立方厘米，折射率1.63，低于翡翠。主要产于法国、瑞士、南非、美国的新泽西州。

八 钠长石玉

钠长石玉又称"水沫子"，主要组成矿物是钠长石，次要矿物有硬玉、绿辉石、绿帘石、阳起石、绿泥石等。纤维状或粒状变晶结构。块状构造。光泽为油脂光泽至玻璃光泽，半透明至透明。无翠性。折射率1.52～1.54，密度2.60～2.63克/立方厘米颜色常呈无色、白色、灰白色，在白色的底子上常见有白色的"棉"或"白斑"像是水中翻起的泡沫而得名。有时见白色底上飘兰花，透明度好但其密度、折射率和硬度均明显低于翡翠。钠长石玉多与翡翠共生，作为翡翠矿床的围岩产出。目前市场上的水沫子有两种，一种是"钠长石玉"，另一种是"石英质玉"。水沫子外观酷似玻璃种、冰种飘花翡翠，其做成的戒面、手镯、挂件等冰晶透明。水沫子的价格与翡翠的价格有差异，价格不会高于翡翠，也不能说不值钱，只是相对于翡翠来说，肯

定没有同等质地的翡翠那么贵，但是种水品相很好的水沫子，几千元至万元也是有的。随着最近几年水沫市场的不断发展，水沫的价格也在逐渐上升，好的水沫料子也能卖出好价钱。

九 "石英质玉" 水沫子

肉眼观察，与钠长石玉不好区别，不同的是测定折射率为1.55，密度2.65克/立方厘米，石英质玉的硬度明显高于钠长石玉。

翡翠籽料，表面褐黄色，结构细腻，水头好，内部发白

翡翠雕件福寿双全

巧色翡翠雕件

主体为黄色荷叶，下面有青蛙吐钱，荷叶中有莲子、藕、蜘蛛、灵芝。颜色透亮，水头好

青蛙，上面有白肚皮的黄色

摩西西

近两年市场上又出现一种叫摩西西的玉石，是以钠长－钠铬辉石为主的玉石，矿物成分为钠铬辉石、角闪石、绿泥石、长石以及其它矿物，其中也包含了多少不一的硬玉。当摩西西中含的硬玉量多时，它的特性就十分接近硬玉，反之则相差的多。从测得的折射率来看摩西西，它是1.53～1.74之间，正因为摩西西含有硬玉成分，因此在外形上和硬玉亦十分相似，摩西西的质地干，颜色浓绿而带有黑色点或纹。当摩西西中的钠铬辉石降到几乎没有的时候，占主导的就是钠长石，就成了水沫子。

十一 祖母绿

祖母绿是一种含铍铝的硅酸盐，化学式为$Be_3Al_2Si_6O_{18}$。属于绿柱石家族中最"高贵"的一员。六方晶系。晶体单形为六方柱、六方双锥，多呈长方柱状。集合体呈粒状、块状等。翠绿色，玻璃光泽，透明至半透明。折射率1.564～1.602，多色性不明显。非均质体。硬度7.5，密度2.63～2.90克/立方厘米。贝壳状断口。具脆性。祖母绿与钻石、红宝石、蓝宝石并称世界四大名宝石。因含微量的"铬"元素而呈现出晶莹艳美的绿色。祖母绿的主要产地有哥伦比亚、乌拉尔、巴西、印度、南非、津巴布韦等。国际市场上目前最多见的祖母绿来自三个产地：哥伦比亚、巴西和赞比亚。祖母绿的颜色十分诱人，有人用菠菜绿、葱心绿、嫩树芽

绿来形容它。一般加工成刻面的祖母绿还不太容易与翡翠相混,但是如果是弧面型的祖母绿和祖母绿雕件在外观上就和翡翠非常相似,这时,只要测试宝石的折射率和密度就可以明显区分开。

十二 巴山玉

巴山玉也叫"八三玉"。是 1983 年发现的质地较松散,透明度差。颜色呈白色,局部有淡紫、浅绿或蓝灰等颜色的玉石。"八三玉"必须经过强酸腐蚀去除杂质,然后注胶增加透明度等人工处理工艺才具有商业价值。经处理后的"八三玉"其透明度好,常带紫罗兰色、飘蓝花等特征,曾经是市场中走俏的翡翠 B 货。

"八三玉"容易与翡翠相混淆,区别①"八三玉"底为淡淡的绿色,浅灰色。绿色呈斑状、块状、条带状分布,但不够鲜艳。②"八三玉"水头较好,但结构疏散、粒粗、敲击声沉闷。

对于普通消费者来说,要学会识别翡翠的 A、B、C 货和与翡翠相似的宝玉石确实不是一件容易的事情,为了少缴学费,最好的方法就是到正规的珠宝店去购买,并且要求带有证书。宝石的证书相当于人的身份证,是证明宝石的身份的一个证明。同样是翡翠每一件都不是完全一样的。一个证书只能代表一件对应的翡翠,不能代表一批翡翠。验证证书的真假要看是否有 CMA、CAL、CNAS 标志,有这三种标志的为真。没有为假。看清楚标志后还要看证书的照片和重量或其他特征是否与你买的宝石

一致。经常有一些消费者购买的宝石和宝石所带的证书不相符,即拿到的证书根本不是他所买宝石的证书。甚至还有证书上证明宝石是天然的,而实际上买的翡翠却是处理过的翡翠。

翡翠天宫双耳炉
雕工精美,材质与题材搭配恰当

七、翡翠的鉴别

盛世藏玉、乱世藏金。一句名言说明人们的物质生活丰富了,就开始收藏玉器。翡翠是玉中精品,在当今的社会,追求翡翠的人越来越多,但由于天然翡翠的资源有限,这就给不法奸商提供了可乘的

机会，市场上翡翠真假难分。作假手法层出不穷，使购买后收藏翡翠的消费者很是头疼，不知所从。而真正的好翡翠也无人问津，被蒙上了不白之冤。为了帮助你识破奸商的伎俩，能够识别翡翠，以下详细告诉你如何鉴别翡翠。

寓意辟邪

蝎子、壁虎、蛇、蜈蚣、蜘蛛，

翡翠五毒把玩件

一　翡翠的肉眼鉴定

1. 观察颜色

观察玉石颜色的色调、颜色的组合和分布，是否是翡翠常见的颜色和分布状态，以区别于其他玉石或染色的翡翠。翡翠的绿色和紫色是翡翠的原生色，这种颜色的表现感觉是从翡翠内部映射出来的，能找到色根。染色的翡翠颜色沿着裂隙或缝隙沉淀聚集的多。翡翠的红色是翡翠的次生色，会沿着裂隙分布。但天然红色翡翠的透明度好，红的自然。

染色红翡则感觉不透明并且颜色过于鲜艳。

2. 观光泽

翡翠的光泽是玻璃光泽，明显比其它的玉石光泽要强。有玻璃质感。

3. 观翡翠的翠性和结构

在阳光或灯光下观察白色的"石花"附近较易观察到翠性，看是否有片状、点状或线状闪光。行间叫苍蝇翅，就是透光观察像苍蝇翅一样。矿物颗粒越大，"翠性"越明显。翡翠的结构是纤维状至粒状纤维交织结构，这两点不同于其它的玉石。矿物颗粒粗的翡翠能明显看到翠性。

翡翠小雕件仙人指路
皮色鲜艳，为山。内部洁白、温润、细腻

4. 用手掂重

翡翠的密度为 3.33 克／立方厘米左右，大于多数其他绿色的玉石，用手掂有"坠手"的感觉。

翡翠老鼠爱大米

外壳黄翡箩筐，内部淡绿色翡翠
大米和老鼠，水头好

5. 还有一条不成文的常识性的鉴定

一般天然的种好、色好的翡翠是非常昂贵的，如果你只花一个低的价钱就买来了很漂亮的翡翠饰品，那一定是有问题的，不要相信商家说的这是老乡价。

二 翡翠的仪器鉴定

1. 测折射率

翡翠的折射率用点测法测定的折射率是 1.66 左右，一般不宜和其它玉石相混。测折射率有专用的测定宝玉石的仪器——折射仪。折射率的测试是一种无损测试。

2. 测密度

翡翠的密度为 3.33 克／立方厘米左右。

3. 翡翠在查尔斯滤色镜下特征

查尔斯滤色镜是一种仅允许红色光和黄绿色光通过的滤色片组成。所以通过滤色镜观察物体，所有物体只会出现两种颜色，即黄绿色和红色。天然的翡翠在查尔斯滤色镜下观察颜色不发生变化，绿色翡翠仍为绿色。早期有相当一部分染绿色翡翠在查尔斯滤色镜下观察变红。于是，有一阶段爱好翡翠和收藏翡翠的人都去买查尔斯滤色镜，认为鉴别是否天然翡翠，只要用查尔斯滤色镜一照就可判断。如果翡翠在查尔斯滤色镜下颜色变红那肯定是假的。当时把查尔斯滤色镜叫做"照妖镜"。其实由于染色剂的不同，显示的颜色会有差异。不是所有的染色的翡翠在查尔斯滤色镜都变红。目前所知用重铬酸钾、硫酸铜加碘化钾染色的翡翠，在查尔斯滤色镜下呈粉红色至红色。因而用查尔斯滤色镜来判定翡翠颜色的真假已失去了意义。

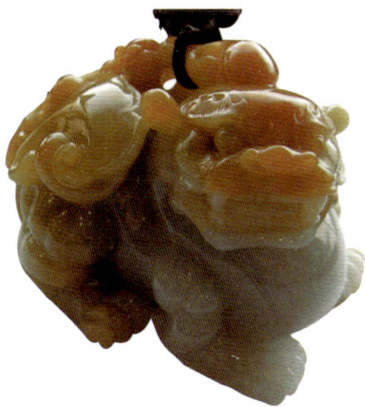

巧雕，雕工细腻，惟妙惟肖

天然翡翠貔貅

4. 荧光灯下特征

天然翡翠大多数在紫外荧光灯下无荧光，个别翡翠有弱绿色、白色或黄绿色荧光。早期 B 货翡翠有弱至中等的黄绿、蓝绿色荧光，近期 B 货翡翠有无至中等的蓝绿色或黄绿色荧光。染色的红色翡翠可有橙红色荧光。注油翡翠有橙黄色荧光。

八、翡翠把玩件的类型与评价

翡翠把玩件的常见类型有各种人物雕件、十二生肖、动物、貔貅、麒麟、植物花草、瓜果、山水雕件、鼻烟壶、印章、烟嘴、手串、念珠、文房四宝、皮带扣、龙钩。

金玉满堂手把件

水头好，好似两条金鱼游历在灵芝和绿水之中

天然翡翠把玩件老鼠运财

翡翠美丽的绿色、晶莹温润的质地、变幻莫测的赌石和价格的巨大差异，使人们对翡翠充满了向往、猎奇甚至疯魔。翡翠的质量评价是非常复杂的，多少年来，人们通过实践总结出了翡翠的价值要由翡翠的颜色、质地、透明度、净度、重量、工艺价值几个方面来决定。由于翡翠是多种矿物的集合体，即多晶体的集合体，同样的颜色，会有各种不同的质地，不同的透明度，可造成极大的差别。同样的质地、会有不同的颜色、不同透明度，也同样会有很大的差别。这就造成了人们常说的黄金有价玉无价的原因。

创意好，褐黄色外壳佛手，内心白色笑佛

翡翠心中有佛手把件

颜色能决定玉石本身的档次。翡翠以绿为贵，翠绿中的高绿（也称高翠，水头好）便是价值连城。

翡翠连年有余

一 颜色评价

1. 颜色的价值

在评估翡翠的价值中，颜色是至关重要的，当透明度、净度、质地相同时，有颜色的翡翠的价格高于无颜色的翡翠。颜色变化的微小差别，引起翡翠的价格成几倍的上扬。翡翠的颜色是确定其档次等级的重要标准，也是决定其用途的主要因素之一。翡翠的颜色好，一般做首饰品。其次雕做一些把玩件或摆件。颜色用好了能提高产品的艺术价值。玉石以其色美而珍贵，玉石颜色的变化直接影响着玉石的价值，即使是颜色上的微小差异，都可能成十倍、百倍地影响其价值。颜色是描述玉石品质的重要指标，颜色能决定这块矿石料能否归属于玉石，

2. 翡翠绿色的评估

绿色是翡翠的宝，是最具商业价值的东西。珠宝界常依据"浓、阳、正、均"和"淡、阴、邪、花"这八个字来评判翡翠的绿色的优劣。

"浓"，即绿色饱满、浑厚、浓重程度，如把浓纯的绿墨水的饱和度作为1，然后一直按比例冲淡，那么绿墨水的饱和度就随着降低，也就是颜色逐渐变淡，最后直至完全无色，饱和度为零。一般人都可观察到颜色的浓重或深浅，太浓或太浅的绿色都不是理想的颜色。高档翡翠的颜色浓度应该是中等到偏浓。影响颜色深浅的因素有翡翠本身的化学成分和翡翠的厚度，翡翠越厚颜色越深。

85

巧雕翡翠八方来财

颜色，不能正确的表现玉石的真实颜色，如在黄光下，我们观察到的翡翠带黄色调，翡翠显得比较漂亮，在钻石灯下（色温高）观察到的翡翠颜色偏蓝，显得不阳。这就是灯下不观色的原因所在。很多人在云南买的翡翠拿到广州后发现观察到的颜色不一样，这是纬度对光的影响，广州的纬度较低，阳光是黄色的，那么一些颜色较浅的偏蓝的翡翠在广州看起来比较漂亮。

3. 灯下不观色

我国珠宝业的前辈们在长期的翡翠实践中总结出的经验，并以言简意赅的格言形式，表示出了翡翠的特点。其实，任何珠宝都不应当在灯下进行颜色的质量评定。而对于翡翠来说，这一点则显得尤为重要。这是因为翡翠的颜色，尤其是闪灰、闪蓝以及油青类的翡翠颜色，在灯光下的视觉效果要比自然光线下的颜色效果好很多。因此要在自然光线下，察看和评定翡翠的绿色。色差一等，价差十倍，对于高档的翡翠来说，价差更高。一般正确的观看玉石的颜色应在晴天的日光下，日光是七种颜色的光组成的白光，即红、橙、黄、绿、蓝、青、紫。一般灯光的七种颜色光的强弱不均，有的灯光黄色光强，有的灯光其他色光强，这样，在观察玉石时，看到的玉石的颜色明显是带有灯光强的色光的

翡翠巧雕花好月圆

二 净度评价

净度指玉石内部的纯净程度，即内部所含杂质和瑕疵的多少。透明度好的玉石，可观察到内部所含的各种杂质和瑕疵。瑕疵更是影响玉石质量的重要因素之一，比如裂纹、绺裂、白棉。

88

裂纹对玉的质量有明显的负面影响，沿裂隙可使玉的透明度降低，次生杂质充填，降低了玉的美感，影响了玉的耐久性，裂隙越多越大，玉的质量越差，裂隙越少越小则玉的质量越高。一块玉料上的裂纹的大小、深浅和裂纹的位置决定了玉石的价值。一般玉石最忌讳的就是裂纹，但是自然界没有裂纹的玉石是很少的。裂纹是指玉石中明显的裂痕。绺裂是指玉石中的隐裂，只有在透光下才可看清。裂纹多，玉石的净度差，裂纹多影响光的折射或反射，玉石不美观，玉料的耐久性差，容易损坏，玉料的亮度和光泽度低。

裂纹影响玉料的利用，一般情况下影响玉料价值 20% 左右。在翡翠原料的利用中，种好、色好、无裂的料用作戒面料，有裂的料用作雕刻花件料，即雕刻一些挂件或把玩件。软玉从一等品到三等品都要求无裂纹。岫玉只有一等品可以稍有裂隙，独山玉的三级玉料允许稍有裂纹。翡翠特级品要无裂纹。一般裂纹或裂绺的大小和分布形式，只要不横穿过主要颜色部分，或不影响整块玉料的切割加工，对玉石的价值就影响小点，如果裂纹横穿颜色的主要部分，或者影响整块玉料的切割加工，这就对玉石的价值影响大。如一块玉料完美无裂的价值是几十万，那么在明显的关键部位有几条裂纹，这块玉料的价值可能降为几万。一般玉料雕刻的花件，裂纹或绺裂对玉石的影响要相对小一点，手镯最忌讳的是裂纹，如果一个手镯有横裂，价值很低都没人愿意购买。

白棉是指翡翠内部见有斑块状、条带状、丝状、波纹状的半透明、微透明的白色矿物。白色矿物的主要成分为钠长石，次为霞石、方沸石等和一些气液态包体组成，是翡翠内的杂质物，严重影响翡翠的质量与美观。它的存在将大大影响翡翠的价格。

自古就有美玉无暇的说法，瑕疵对玉石的影响是非常大的，主要有以下几方面：

翡器巧雕寿比南山

翡翠巧雕印章

摆件和玉手镯等装饰品，其次最大块度的玉材产出较少，物以稀为贵的市场原则，就造就了大块度玉材的价值较高，玉材形状和完美度决定了玉材的用途和出成率。

吉庆有余翡翠巧雕

的玉石，用电筒照射观察，色浅玉石，用肉眼观察。一般透明度高的玉石价值高，透明度高的玉石能衬托玉石的颜色更好、更滋润。透明度高低能烘托玉石的质地、颜色。因此，透明度好的玉石显得更加珍贵。

四 质量评价

　　此处的质量指玉石的重量。玉石的块度越大，价值越高。大块度的玉石在自然界的产出本来就少，所以一块大的玉石价值连城。玉材的块度、形状和完美性直接影响着制作玉器的大小和出成率，因而是玉材定级时必不可少的条件之一。

　　在玉质、玉色和光泽等材质、品相相同的条件下，玉材的块度越大，单位重量的价值越高，首先是块度大的玉材工艺性能高，可以制作出较大的玉

　　如果玉材的形状比较周正没有绺裂及其它需要剔除的"石病"，玉材就适用范围广和出成率大。相反，则对制作玉器的使用范围限制性大、出成率低。

　　玉材的外部形态还是它的产出环境标志，它和玉材的价值息息相关。如和田玉因目前资源状况，完美的籽料已经很少有人用来制作玉器了，因为它的标本价值已经基本上超过了用它制作的玉器价值。

　　翡翠的质量单位为克（g）或千克（kg）。翡翠的质量采用经法定计量检定机构检定合格的计量器具称量。以克（g）为单位的质量数值保留至小数

点后第 3 位，以千克（kg）为单位的质量数值保留至小数点后第 2 位。

五 质地的评价

　　翡翠结构越细越好、越细腻也就越滋润。矿物颗粒的大小决定了玉质的细腻或粗糙程度。如用肉眼观看玉石就有明显的颗粒感，质地就很差；如无颗粒感，则质地比较好。若用 10 倍放大镜观察无颗粒感，则玉质就非常细腻了。玉石是多晶体集合体，结构还决定抛光的好坏，质地越细腻，抛光就越好。

翡翠巧雕松鹤延年

　　翡翠的质地也是非常关键的，有时比颜色更为重要。行间有句俗话：内行看种，外行看色。地子好可以映衬的色好。

　　翡翠的色彩并非是单纯存在的，它是通过翡翠的质地而呈现的。翡翠的地是除去翡翠的颜色之外

的质量情况，"地"，有称"底子"或"地张"。按优劣分为："玻璃地"、"冰地"、"糯化地"、"藕粉地"、"豆地"、"瓷地"、"干地"等。

玻璃地

　　玻璃地，完全透明、玻璃光泽、无杂质、结构细腻、清澈、韧性强，像玻璃一样均匀、无棉柳或石花。

红色亮丽，两条金鱼嬉戏

翡翠巧雕万事如意

冰地

　　顾名思义，其结晶如冰块或冰糖感觉，干净、质地细腻，不如玻璃地透，这种质地。其质地正如"果冻"之半透明状，但可见细微小石花、棉絮等。

糯化地

　　质地要透不透，具有如熟糯米之细腻感，晶体

犹如蛋清一般，水头足，呈半透明。

藕粉地

比糯化地的翡翠的透明度稍差，一般半透明到不透明状，矿物颗粒肉眼看不清，10倍镜下可见矿物颗粒，整个玉石看起来比较"肉头"。

翡翠巧雕富甲天下

豆地

如豆般不太通透，透度只入表面二分，常多棉柳、苍蝇翅、稀饭渣等，硬玉结晶呈细－粗柱状（变晶）集合体，肉眼能分辨柱状晶体，不透明，质地粗、干，敲击声音呈石声。

瓷地

色白－灰白为底，色调简单，可混有浅绿、褐、不透明，外观似瓷状，硬玉结晶呈细柱状（变晶）集合体，肉眼能辨认晶体轮廓。

九、翡翠的保养

要保持翡翠的光泽和色彩的长久，需要您对它认真保养，主要有以下方面。

①佩戴和收藏翡翠时要小心，不可强烈碰撞或从高处跌落翡翠件，以免损坏物件，有的从表面上看上去似乎无损，但经过碰撞后，部分翡翠的内部结构会受到损坏，而生隐裂纹。

②翡翠忌讳油烟、油腻，如果是高档的翡翠。就不宜佩戴着进厨房烹饪食物。

③翡翠不易接近高温，也不可在阳光下久晒，以免失去光泽和褪色。

④翡翠不可接触强酸溶液，以免破坏翡翠的成分和结构。

人体大量出汗时佩戴或把玩后的翡翠一定要清洗干净，否则日久天长，汗液中的一些酸性或其它物质会沿着缝隙进入翡翠内部，影响翡翠的美观。经常把玩最好，人养玉、玉养人。常常有人问我，绿色翡翠的绿随着佩戴时间的持续是否会慢慢地增长。这没有科学依据，但佩戴的时间越久翡翠会越来越滋润，给人的感觉会越来越绿，这就是映照的缘故。

第四章

彩石把玩件

　　本章所讲的彩石实际是玉石行业的习惯叫法，国家标准没有此命名法。广义上讲这类石头实际是玉石，但是又不同于传统的玉石。这类玉石特点是硬度小，主要石种有寿山石、鸡血石、青田石等。寿山石、鸡血石、青田石过去一直是我国的三大印石，由于它们品种繁多，色彩瑰丽，石质油润，软硬适中，易于雕刻。过去寿山石、鸡血石、青田石的雕刻以印章最为多见，现代人则以把玩件更常见，即使雕刻成印章也主要是用来赏玩的。所以这类石料称为印章石或图章石。在古代上至帝王将相、中及文人雅士、下至庶民百姓，无不使用。寿山石制作的印玺是权力的象征。如今，

由于现代科技的发展和人民生活水平的提高，印章早已失去了过去的意义。印章和各种石刻工艺品都成为人们用来鉴赏和把玩的把玩件。本章节的把玩件的类型以印章最多，部分为雕刻件。彩石的吉祥图案有人物、动物、植物、文字等，主要寓意是希望带来福气、带来长寿、带来富贵、带来喜庆、或表达个人修养等。

寿山善伯石，叶子贤雕

银裹金执珠弥勒佛

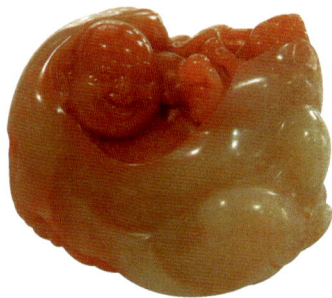

吉祥如意极品寿山石把玩件一对

寿山汶洋石老少同乐

质地细腻，雕工精美

一、寿山石把玩件

一 寿山石历史

寿山石雕刻品的出现至今已有 1500 年的历史。

历史上寿山石开采并有文献记载和出土文物考证的是在宋朝。在南宋时，寿山石矿已得到开采，而且曾经还有一定的规模。元明之时，基本没有大规模采石活动，但寿山农民的耕余采集寿山石却从未间断过。珍贵的田黄石就是在明代时被发现的。到了清初，由于国家的统一和商贾、权势者的介入，寿山石的开采又出现历史上的一个高潮。在清中期寿山石品种达 20 余种。清朝皇帝、皇后对寿山石情有独钟，均用寿山石制宝玺。寿山石中以田黄石料身价最高，俗有"一两田黄三两金"之说。到了晚清，寿山石的开采又逐渐冷落。民国期间，寿山石的开采逐渐复苏。据说 1917 年，寿山一年出产雕刻用石 3000 斤，品种 40 余种，采掘坑洞达 140 多处。抗战爆发后，寿山石的开采一落千丈。直到进入 20 世纪 80 年代，国家实行改革开放政策，寿山石名闻海外，石价攀升，开采超过了历史上任何一次的采石热潮。据说最兴旺时，全乡除了老少外，所有男女都上山采石，采石给村民带来了不错的经济效益，出产的寿山石品种已达上百种，而且出现

田黄薄意雕

了芙蓉石、荔枝洞等好石，同时又一次掀起了挖田黄热。

二 寿山石的形成

相传寿山石是女娲遗石在人间的彩石。那是在盘古开天地的时代，天塌地陷，女娲为了拯救人类，炼石补天，女娲在补好天体后，还剩下许多彩石，途径寿山发现福州寿山这一带，青山绿水，好不美丽。迷人的景色使女娲激动不已，激动之余将补天剩下的五彩斑斓的彩石，飘撒在寿山的田野、山林、溪水之间。这天上的彩石，一部分撒在寿山溪畔一带良田的沙滩中，经后期地质作用，有的变成了金灿灿、黄澄澄的"石中之王"田黄石；有的形成了花田石、黑田石、白田石以及硬田石；撒落在溪水及河流中的彩石，随着河流的搬运和冲刷形成了鹅卵状的溪蛋石、溪管石以及在水洞中沉积下来的各种冻石；撒落在山上和山坡沙地黏土中的彩石，形成各种寿山石品种，如高山石、旗降石、大山石、

芙蓉石、杜棱石、金狮峰以及牛蛋石、鹿目田、鲎箕石、坑头田等宅石。

民间传说毕竟是传说，根据地质学资料，寿山石赋存于上侏罗统酸性火山岩中，是火山热液蚀变的产物。寿山石的形成有原生的和次生的。寿山石原生矿是内生成矿作用形成的。根据成矿作用的不同，可分为热液交代型、热液充填型。就是说在地质年代的中生代侏罗纪由于地壳运动频繁，导致火山活动，火山喷发出酸性火山岩，在火山喷发的后期，形成了岩浆期后热液，这些热液沿着裂隙或缝隙通道流动并且与早期形成的酸性生火山岩发生化学反应，最后形成了寿山石。

从寿山石的形成可以知道，寿山石在岩层中以层状、不规则脉状、团块状、透镜状存在，不可能大片地开采。寿山石的次生矿是外生成矿作用形成的。由于地壳的运动，在地下形成的寿山石矿脉暴露于地表，经剥离母体后再经过搬运、埋藏，再经过物理、化学风化作用，在其他地方如山坡、山坳、水里形成。如掘性山坑石、掘性水坑石和田坑石。

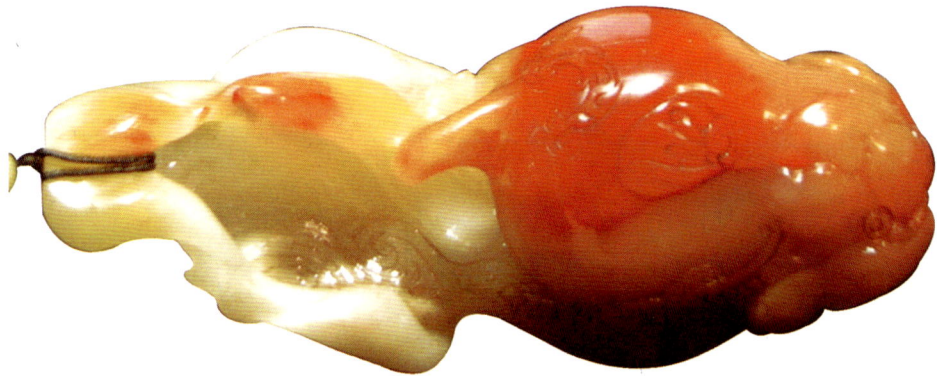

芙蓉金玉满堂

由于寿山石开采困难且稀少，因此比较珍贵，特别是田黄石难以得到，自古以来福州民间有"黄金易得田黄难"的说法。

三 寿山石产地与特征

1. 寿山石的产地

寿山石主要因产于福州北部的寿山、日溪、宦溪乡镇的山村之间，方圆一百多平方公里。寿山石的矿物组成主要为地开石、叶腊石、伊利石、珍珠陶土，次要矿物有石英、黄铁矿、硬水铝石、红柱石、绿帘石、绢云母等。由于矿物成分的多样形成了质地的多样，从而形成了不同品种的寿山石。中低档的寿山石主要分布在加良山、老龄、柳坪、旗山、山秀园等，矿体呈层状、脉状、透镜状、团块状。矿物组成以叶腊石为主。中高档的寿山石主要分布在高山、都成坑，矿体成脉状产出，矿物主要以迪开石为主。

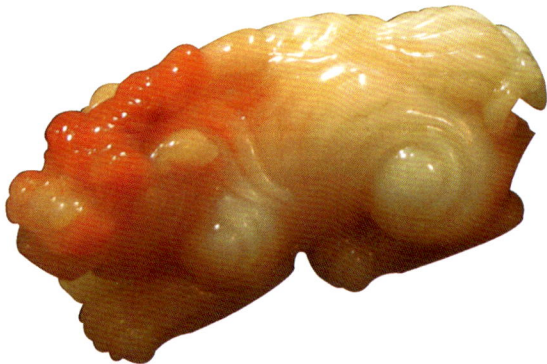

双色老性芙蓉瑞兽把玩件

2. 寿山石的特征

寿山石的色彩丰富，通常呈白色、乳白色、黄白、红、粉红、紫红、褐红、黄、淡黄、金黄、褐黄、绿、浅绿、苹果绿、豆绿、艾绿、黄绿、黄褐、深褐、棕色、黑、灰、蓝灰、紫和无色等。颜色主要决定于其矿物成分和致色元素。一些次生矿的颜色还受有机质影响，如乌鸦皮就是受有机质的影响而变成黑色。

寿山石的矿物成分主要为迪开石、叶腊石、高岭石、伊利石、珍珠陶土，次要矿物成分有石英、黄铁矿、硬水铝石、红柱石、绿帘石、绢云母等。

寿山石光泽弱，原料为土状光泽，抛光面为蜡状－油脂光泽。石英成分含量高者为玻璃光泽。寿山石为不透明到亚透明。多呈不透明至微透明，个别近于透明，如水晶冻石。冻地寿山石多呈半透明状，迪开石类寿山石透明度较好，如田坑石类、高山石类寿山石。叶腊石类寿山石往往透明度不好，多为不透明，少量半透明。折射率为1.56，寿山石在紫外荧光灯长波下是无到弱的乳白色荧光。

寿山石的密度为2.57～2.84／克／立方厘米，不同的矿物成分其密度不同，以迪开石、高岭石和珍珠陶土为主的寿山石密度为2.57～2.67克／立方厘米，以伊利石矿物为主的寿山石密度为2.7～2.8克／立方厘米，以叶腊石为主的寿山石密度为2.8～2.84克／立方厘米。硬度为2～3。韧度较高，适宜雕刻。断口多呈贝壳状。寿山石主要呈隐晶质结构、细粒结构、纤维鳞片变晶结构、变余凝灰结构、变余角砾结构。部分寿山石具有

萝卜纹构造。寿山石的化学成分含有 SiO_2、Al_2O_3、FeO、Fe_2O_3、TiO_2 还 有 CaO、MgO、K_2O、Na_2O，此外还含有一些微量元素如 Mo、Zn、Cr、Ni、Co、V、Sn、Pb、Sc 等，铁的含量的多少对其颜色的深浅有决定性的作用。叶腊石的化学式为 $Al_2(Si_4O_{16})(OH)_2$，迪开石、高岭土、珍珠陶土的化学式为 $Al_2(Si_4O_{10})(OH)_8$，伊利石的化学式为 $Al_2(Si_4O_{16})(OH)_2$。

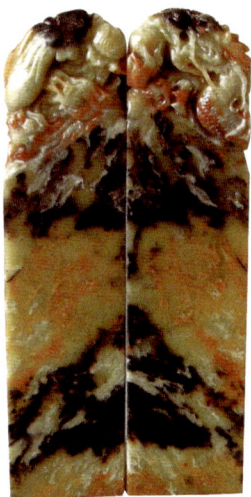

寿山石精美印钮一对

四 寿山石的种类与鉴别

1. 寿山石的种类

寿山石的分类多样，十分繁杂。有的是以产出的地名或采矿的矿洞命名的，如高山石、善伯洞、旗将、芙蓉等；有的是以寿山石产出状态命名的，如田坑、水坑、山坑；原生矿的寿山石在寿山一带

又称为"洞采"；产在山坡上或田中的次生寿山石则称为"掘性"。根据寿山石的产出状态，寿山石主要类型有田坑石、水坑石、山坑石。

田坑石

田坑石是指产于寿山乡"寿山溪"两边的水稻田底下的寿山石，主要品种为田黄。田黄的主要成分为迪开石，可含少量的高岭石、伊利石或珍珠陶土，也有的田黄主要成分为珍珠陶土，含少量的迪开石、高岭石、伊利石等矿物。

寿山石把件
色正、细腻

田黄的特征

经过一定时间的河流的磨蚀和冲刷，外观具有一定的磨圆度，质地温润细腻有滑感，并常常有石皮、红格、萝卜纹等特点。

颜色

人们一直以来都认为田黄一定是黄色，其实田黄的颜色有黄色、白色、红色、黑色等。

◎黄色：黄色的田坑石也称为田黄石、田石，田黄石就是因黄色而得名。黄色是田坑石中最常见的品种。表皮常见有淡黄、黄色、白色、黑色等皮层。外表包裹白色皮层的品种，俗称"银裹金"。田黄石质地细腻、温润、萝卜、纹细密清晰。根据传统

的分法，田黄的黄色有黄金黄、琵琶黄、鸡油黄、桂花黄、橘皮黄、熟栗黄等多种。这些品种中，以琵琶黄最正，是田黄中的标准色。金光闪耀，颜色高贵，价格最高。透明度高，纯洁通透者称为"田黄冻石。"，晶莹亮丽，十分难得。

◎白色：白色的田黄也叫白田石，白田的颜色一般

田黄龙纽五联章
质地上佳、雕工精美

很少纯白，多为带黄色调，其特点是萝卜纹明显、细密、格纹鲜艳。白田中如果有外表包裹着黄色层，即外黄内白，俗称金包银，或金裹银田石。白田中质地晶莹通透的称为"白田冻石"。

◎红色：红色的田黄又称红田石，俗称红田。根据其色调又分为橘皮红田石、猥红田石。橘皮红田石是红色带有橙黄色调，就如熟了的橘子皮，颜色鲜艳透明。猥红田石是由于外部原因造成，一般是由于高温火烤等外部原因造成石头变红。

◎黑色：黑色的田黄又称为黑田石，颜色有纯黑、灰黑。纯黑田石称为黑田，黑如墨色，但在强光下，略带赭色，质地近似坑头所出的牛角冻。灰黑田石色灰黑，微泛黄意，或灰黑、灰白，可能是由于土中的有机物或碳质浸染而造成。还有一种是外表裹一层黑皮的田石，皮色黑，或全包裹或半包裹，皮的厚薄不均。雕刻成成品后，因只保留部分黑皮，也有叫乌鸦皮田石。

芙蓉金玉满堂把玩
件造型美、颜色美

把玩件把玩收藏知识百科

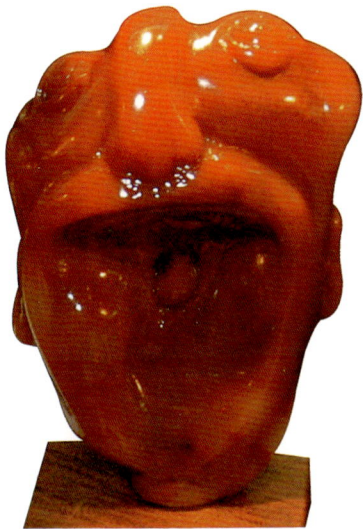

芙蓉"歌"小摆件

田黄的皮

大部分田黄有石皮，皮的薄厚不同，有的甚至2～3层皮。皮的颜色有红、白、黑等色。主要与田黄周围的环境有关，如水、土、化学作用等，黄色土壤中产出的田黄一般带黄皮，白沙中产出的田黄多带白皮，从黑色泥田中挖出的田黄多带黑皮和乌鸦皮。如果这些已形成黄皮和白皮的田黄再次经过洪水冲刷搬运在另一地方沉积在黑泥中，经过多年后外皮又形成黑皮，就形成了两层或三层皮。

田黄的"萝卜纹"

萝卜纹是田黄的内部纹理，顾名思义，萝卜纹的形状好似萝卜的纹理，成网眼状或大或小，是在田黄形成之前离开母矿就已形成的。

田黄的"红格"

红格又叫格纹、红筋，是田黄中常见的深浅不同的一种红色纹理。是由原来的裂隙被铁质浸染而成的纹理。

田黄的产状

根据田黄产出时的位置的不同，田黄又有一些名称。如不需要挖掘就可以在地表捡到的"田石"称为搁溜田石。埋藏在溪边水田中的田石被洪水冲走在溪底沉积的田石，过去在中板溪管屋附近经常出现，所以也叫溪管田石，或溪管独石。产于寿山广应寺的田黄，是经过加工的成品，而且把玩过，

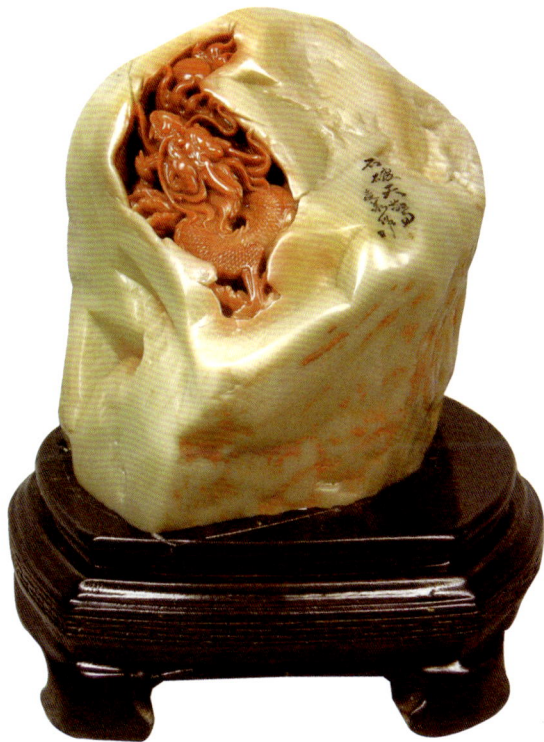

寿山石石破天惊

巧雕。好似从石头中孵出龙仔

后又埋入土中，经过水土的滋润和侵蚀，称为寺坪田石。

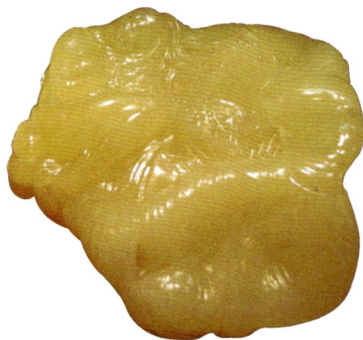

芙蓉圣灵把玩件
好似圣女在莲花池中沐浴

水坑石

寿山石呈独立块状散落在溪涧和周边砂土中，故名水坑石。主要矿物成分是地开石，个别水坑石的矿物成分是珍珠陶土。水坑石所处位置水源丰富，田黄多是在它的下游产出。水坑石按其成因和产状可分为：掘性水坑石和洞采水坑石两类。

掘性水坑石

次生矿型，颜色多为赭黄，也有棕黄、灰黑、白色等色，常在外表有皮，亦有"萝卜纹"、红筋。常含粉白色斑点，并有黄铁矿，棱角分明有别于田黄。按照质地分为掘性坑头石、掘性坑头冻石、掘性坑头晶石，质地纯净者，俗称"坑头田"。

洞采水坑石

原生矿型，颜色多为白色、黑色，间或红、黄等色，多为微透明至半透明，肌理常隐见萝卜、纹，

黄铁矿、水脉纹。主要品种有水晶冻石、鱼脑冻石、鳝草冻石、牛角冻石、桃花冻石、玛瑙冻石、天蓝冻石、冻油石等。

杜陵石旭日东升章
巧雕。橘红色太阳，映红了橘黄色的朝霞，好似太阳从海面升起

山坑石

山坑石是指寿山、月洋等方圆一百多平方公里的各矿区，除田坑石、水坑石外所产出的寿山石。按成因产状有次生型和原生型两种，掘性山坑石为次生型，洞采山坑石为原生型。

掘性山坑石

掘性山坑石是指采掘于山坑石矿洞附近山坡或山坳的泥土层或溪中沙砾层中的块状独石，常有石皮、红格等特征。主要品种有掘性石、鲎箕石、掘性都成坑石、鹿目格石、芦荫石、掘性善伯冻石、掘性金狮峰石、掘性大山石、掘性旗降石、老岭石、柳坪石、马头岗石、碓下石、牛蛋石、溪蛋石、连江黄石、山仔濑石等。

洞采山坑石

洞采山坑石是从坑洞中开采的寿山石，是原生矿。主要品种有高山石、都成坑石、善伯洞石、善伯尾石、房栊岩石、金狮峰石、旗降石、大山石、黄巢洞石、芙蓉石、汶洋石、山秀园石、松柏岭石、月尾石、竹头窝石、绿若通石、峨眉石、柳坪石、马头岗石、碓下黄石、老岭石。

◎**高山石**：颜色主要为白色，带有红、黄、黑等色，肌理常见萝卜纹、点状灰黑色黄铁矿和褐铁矿，质地较纯洁。凝腻、晶莹者称高山冻石。名贵的品种有荔枝洞高山石、水洞高山石、太极高山石、连江黄石、山仔濑石等。

高山玛瑙冻"若玉"把玩件

用细腻、乳白、油润的冻石和夸张手法表现美女安睡

◎**都成坑石**：石质坚硬通透，色彩丰富，肌理中有条带状网纹。

◎**善伯洞石**：质地坚硬，微透明到半透明，颜色以黄、红、为主，带白、灰、紫等色，不含萝卜纹。

◎**旗降石**：质地坚硬温润，微透明，有光泽，颜色有黄、红、白、紫等色，颜色亮丽，肌理隐有花斑结构，不含萝卜纹。

◎**芙蓉石**：石头的精华，有石中君子的美称。质地细嫩，白、黄、红、绿、青、黑、紫，各色都有。白的如脂、红的似烛，或纯洁淡雅，或娇艳夺目，或青翠欲滴。常含白色斑点为其特征。

芙蓉"两看不相厌"方章

亮丽的芙蓉石方章，巧雕鸟

◎**温洋石**：多为白色，石质细嫩，蜡感较强，与芙蓉石相近，常含白色斑点为其特征。

◎**山秀园石**：常见紫红、紫、白、黑色呈条带状包裹，色彩纹理分明，多为不透明，部分半透明者与芙蓉石极为相似，以含有小米粒状黄色砂钉为特征。

◎**月尾石**：石质细干净，富有光泽，颜色有不透明的紫色、紫红色，也有透明至半透明的绿、灰绿等色。

◎**连江黄石**：以黄色为主，多杏黄、藤黄、褐黄。

◎**山仔濑石**：多见黄、白色，间带红、黑等色。质地与连江黄相似，但含砂团。

103

月尾善伯卧牛把玩件

巧雕。神态优美

2. 寿山石的鉴别

由于好质量的寿山石稀有和价格高，于是市场上就出现一些经过优化处理的寿山石和一些低档的其他玉石或人工仿制品来冒充寿山石出售。给消费者带来了一定的经济损失和困惑。那么如何鉴别寿山石，就成了重要的问题。下面将一一介绍。

寿山石的优化处理

寿山石的优化处理主要有烟处理，染色处理、做皮处理、拼合处理。

烟处理

烟处理就是将一般的高山石，用稻糠壳燃烧产生的烟把寿山石表面熏染成黑色。经熏烟处理过的寿山石色彩灰暗单调，呈灰黄、浅灰和黑灰色，天然寿山石颜色丰富，色彩柔和自然。熏烟的寿山石一般粗糙、性脆。也可以制成黑田、或乌鸦皮。熏烟的黑田石，表面的黑色石皮色彩单一，皮质干燥，黑色皮的薄厚不均，当然如果开口就可发现内外颜色分明。

田黄薄意雕渔樵耕读

上等田黄，细腻、油润、色正且美丽

◎**鉴别方法**：首先看颜色，熏烟的黑田石的表面颜色漆黑、均匀、发污，覆盖整个表面。天然黑皮呈黑色或灰黑色，分布不均匀有深浅和浓淡的变化，黑中常显赭色色调，天然的黑田光泽柔和，有油润感觉。然后看石皮，天然的则皮质细嫩、皮的薄厚均匀，颜色自然变化。最后看透明度，熏黑的黑田石透明度差，不透明到微透明，天然则是微透明到半透明。

染色处理

染色处理的方法主要有煅红和罩染。

◎**煅红**：将黄、橙和红色寿山石或其他颜色的寿山石浸泡在亚硝酸亚铁溶液中，取出干燥后再加热使 Fe^{2+} 变成 Fe^{3+}，使原来的颜色发生变化形成红色。煅红的寿山石表皮颜色黑红，质地多为橙红色，色彩单一，石皮较干燥，一般不透明。天然寿山石颜

104

色有纯红、朱砂红、玛瑙红和橘皮红，可含有其他色块，石质较细润，天然为微透明到半透明。

◎ **罩染：**将寿山石放置于高锰酸钾溶液中染色，以仿制田黄。

罩染的寿山石颜色较深且均匀，不自然，主要有古铜、枣红、墨绿、暗红和紫檀色，颜色集中在裂隙和棱线处。天然寿山石有各种颜色，颜色分布不均匀，含有色点、色斑、色块或色团。

天然田黄秋溪清泛图

做皮处理

做皮处理主要有蒸煮法染色和染涂色做皮处理。

蒸煮法染色做皮是将色黄质地好的高山石、都成坑石和连江黄等山坑石，打磨成鹅卵石状，放置于杏子水中蒸煮，取出后表面再徐一层黄色石皮，

用来仿田黄石原石。鉴别方法：染色石皮表面有擦痕，黄色不自然、裂隙空洞中颜色集中。天然石皮表面细滑、色泽柔和、黄色不均匀而且自然。用沾有丙酮的棉签擦拭，棉签上有黄色，天然则无。染色石皮用小刀在不起眼的地方刮的粉末是黄色，而天然则是白色。染色的田黄石质干燥，萝卜纹粗乱或没有。天然的萝卜纹细密，质地细嫩。

染徐做皮是将黄色寿山石打磨成卵石状，再将黄色石粉和环氧树脂混合均匀涂染在寿山石表面，干燥后再进行工艺处理来仿田黄。鉴别方法：石皮颜色异样，黄色深，不自然，表面有擦痕且粗糙，用小刀刮的粉末是黄色，质地较干燥，萝卜纹粗乱或没有。

拼合处理

拼合寿山石有拼接和镶嵌两种。拼接是指小块的寿山石黏合成大块的寿山石，在结合部位进行工艺处理以掩盖拼接的痕迹。镶嵌的寿山石是指将寿山石，尤其是田黄中的质量不好的部分剔除，用质优的寿山石镶嵌贴补，以充好的田黄石。

◎ **鉴别：**对寿山石摆件、雕件或大块原石，仔细观察是否有低洼或凹陷，在这些部位看是否有拼接或镶嵌的痕迹。用热针触及低洼或凹陷部位，若有异味或冒烟，说明是拼合或镶嵌。观察红格纹，一部分发育，另一部分没有，或两者相差较大。在强光照射下，萝卜纹粗细一致，均匀分布，连续不断说明是天然。如果萝卜纹粗细相差悬殊、分布不均匀，且有断开现象，则说明可能是拼接或镶嵌。

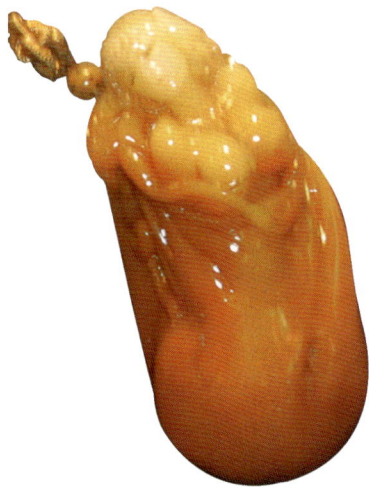

天然寿山石少女把玩件

寿山石与相似玉石的鉴别

与寿山石相似的玉石主要有青田石、鸡血石、滑石、广东绿。

寿山石与青田石的区别

青田石的颜色以黄、绿、紫相间为主要特点，无石皮，不含萝卜纹。青田石的矿物成分以叶腊石为主。不透明至微透明。寿山石的颜色多见棕黄或单色，寿山石的矿物颗粒细，肉眼不易观察到。青田石的矿物颗粒较粗，形成的集合体质粗地燥。而寿山石的质地细腻温润。青田石的硬度较低，1～1.5，易被指甲划伤。寿山石的硬度稍高，为2～3，不易被指甲划伤。

寿山石与鸡血石的区别

鸡血石中含辰砂矿物，无萝卜纹、红格纹、无石皮，而寿山石有萝卜纹、红格纹、石皮，无鲜红色辰砂矿物。

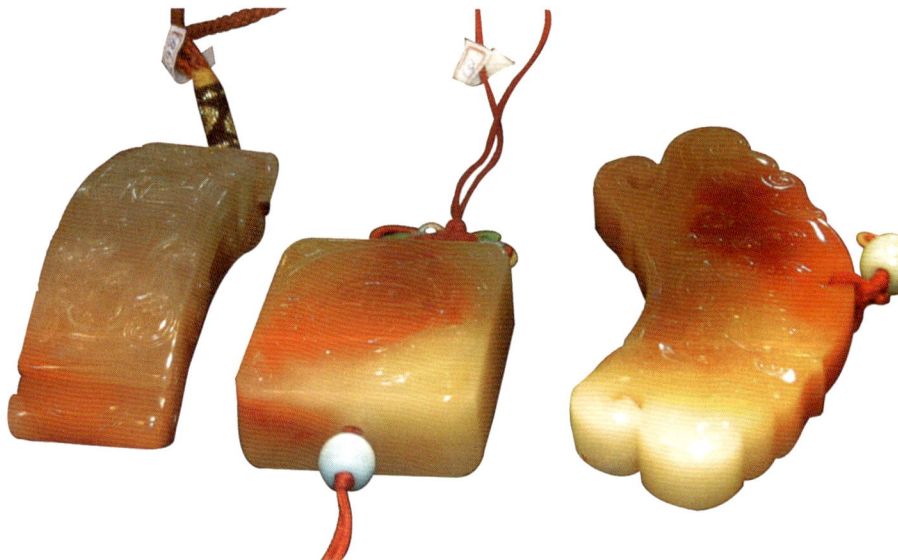

天然芙蓉石博古纹三件套

寿山石与滑石的区别

滑石结晶颗粒较粗，细粒－粗粒结构、颜色为白、绿、青、红、灰白、黄、淡黄、粉红等色，颜色较鲜艳。光泽较寿山石强，油脂－珍珠光泽。质地软，硬度很低，1.5～2.5，易被指甲划伤，质地有油脂感和肥皂感，滑感较寿山石强，寿山石的韧性比滑石好。

寿山石与"广东绿"的区别

"广东绿"又称"广绿石"和"广东冻"，岩石学命名为绢云母石英岩和水白云母岩，属蚀变岩类。"广东绿"产于广东省广宁县五指山顶。五指山顶广绿石矿床目前发现40余条矿脉，主要在五指山，东坑凹，立集顶，杨梅坪，黄沙坝，高田坑和黄田坝等地区。广绿石以呈纯绿、浅黄、奶白、黄中带绿色者为上品，特别是呈纯绿、浅黄色较为难得。广绿石品种繁多，广绿石常按颜色特征划分品种。主要品种有黄绿、白绿、碧绿、墨绿、金星绿、翡翠绿、碧海云天、黑石、白石、白菜冻石、坑底石等等。其中以"碧海云天"、金星绿、

黄绿、白绿、碧绿最为名贵。质地细腻，温润如玉。"广东绿"的结构主要呈鳞片变晶结构和靡棱岩化结构。构造为致密块状，细脉状，角砾状，交代残余，条带状和浸染状等多种构造。由于"广东绿"玉石的岩石学特征和寿山石非常相似，人们一直认为"广东绿"是由叶腊石矿物所组成。经 x 射线衍射测试发现，"广东绿"玉石的主要矿物成分是

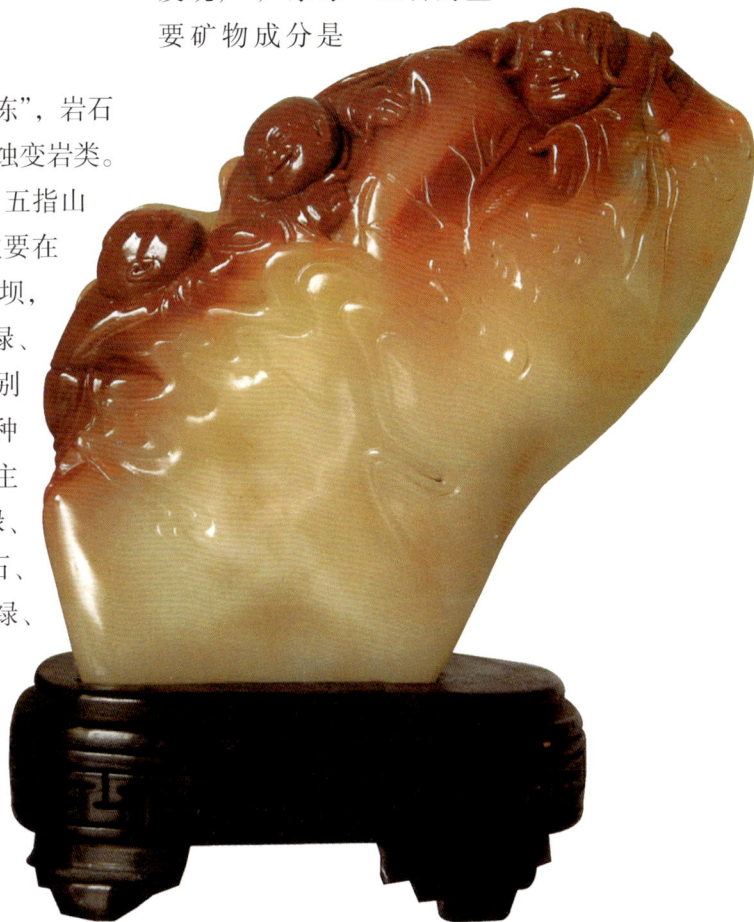

天然寿山石巧雕

云母。透明度从透明－不透明均有。根据透明度的不同，分为冻石和彩石两类。冻石的透明度好，彩色的透明度差。原石一般为土状光泽，蜡状光泽。抛光后一般呈蜡状光泽和油脂光泽，个别呈玻璃光泽，丝绢光泽和珍珠光泽。折射率 1.56～1.61，密度 2.75 克／立方厘米，摩氏硬度 2.5～3。近年来"广东绿"远销欧美各国和日本、东南亚等地，为国内外收藏家誉为"石中瑰宝"。

五　寿山石把玩件价值与收藏

寿山无量寿佛

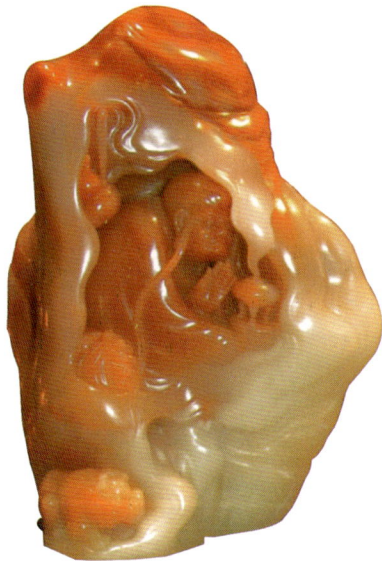

质地细腻，颜色美，雕工精美

寿山石的石质、石色、石形、石纹丰富，晶莹滋润，品种繁多，民间称之为"石帝"，并有"贵石而贱玉"之说。寿山石为历代藏石家所珍爱，而且是进行石雕创作的上等原料。寿山石以独特的意蕴，融会了自然美与艺术美的语言，构成了"寿山石文化"。寿山石的价值主要从质地、颜色、净度和块的大小、雕工五个方面来评价，一块质量好的寿山石应该质地细腻，温润、透明度好，色彩艳丽、花纹图案清晰美观，没有裂纹和砂钉或砂团，杂质少，但还要有一定的大小，块不能小，再好质量的寿山石如果块度小，价格也不会高。

1. 质地

极品的寿山石以具备细、洁、润、腻、温、凝六德而成，质地粗糙、不透明就失去了赏玩的意义。所谓细就是指组成寿山石的矿物颗粒非常细小，肉眼看不见颗粒，如田黄中的迪开石的矿物晶体大小约为 2～5 微米，质地细腻。洁是指矿物颗粒结合紧密，晶体排列有序度好，光泽好，手摸有滑感。润是指玩石在手里握一会，石上就布满细小的水珠。腻是指用手稍加摩挲玩石，石头就像往外冒油一样。温是指像玉石一样，蕴含宝气。凝是指晶莹剔透，有一种通灵感。根据石质的细腻程度、透明度好坏、石性的纯洁程度寿山石分为以下三级：

◎ 一级：质地细腻温润，亚透明至半透明，石性纯洁的冻地石；

◎ 二级：质地较细腻温润，半透明至微透明，石性较纯洁；

◎ 三级：质地不够细腻温润，微透明至不透明，石性不够纯洁。

2. 颜色

寿山石有单色和杂色，以单色颜色纯正为佳。

田坑石以田黄最为普遍，红田石最珍奇，白田石最罕见。黑田石多粗杂，黄田石以黄金黄最佳，红田石以橘皮红或枣红为最上品，白田石以纯白为好，黑田石以纯黑为好。

3. 净度

寿山石的瑕疵主要是格和杂质。格为愈合裂隙，并有粉格、色格和震格，粉格俗称黄土格，就是寿山石的较大的原生裂隙被后期的黄土等杂质充填而成。色格是寿山石的细小原生裂纹被后来的铁质等充填而成，而且颜色是暗红色，所以叫色格。震格是指寿山石在搬运过程中，因震动而成的隐裂，一般很难发现，用清水或油脂检查，有微裂隙或水湿过的痕迹。杂质有砂钉、砂团等，硬度低，呈筋络状或不规则团块状。有的杂质硬度小，有的硬度大。寿山石以纯净、无瑕、无裂纹、无杂质为好。一级为纯净无瑕、无裂纹、无杂质。二级为少瑕，偶见裂纹，含少量杂质。三级为多瑕，常见裂纹，含较多杂质。

4. 块度

块越大越好，一般能刻一块方童即可。田黄石则 30 克成材。250 克为大型材，500 克以上为超级材，是稀世之宝，非常罕见。

5. 雕工

收藏鉴赏寿山石雕要看雕工的精细程度。寿山石雕艺术最大的特点就是利用石料的天然色泽，雕刻出造型和色泽相适应的作品。我们在鉴赏和选购寿山石雕作品时要看雕刻是否充分利用石质、石形、石色、石纹。精细的雕工有高浮雕、镂空雕、透花雕和圆雕等。一件寿山如人物圆雕、古兽印钮等雕刻则多用朴茂的刀法，它适于收藏家、鉴赏家拿在手上"把玩"，而不刺手，另有一番情趣。

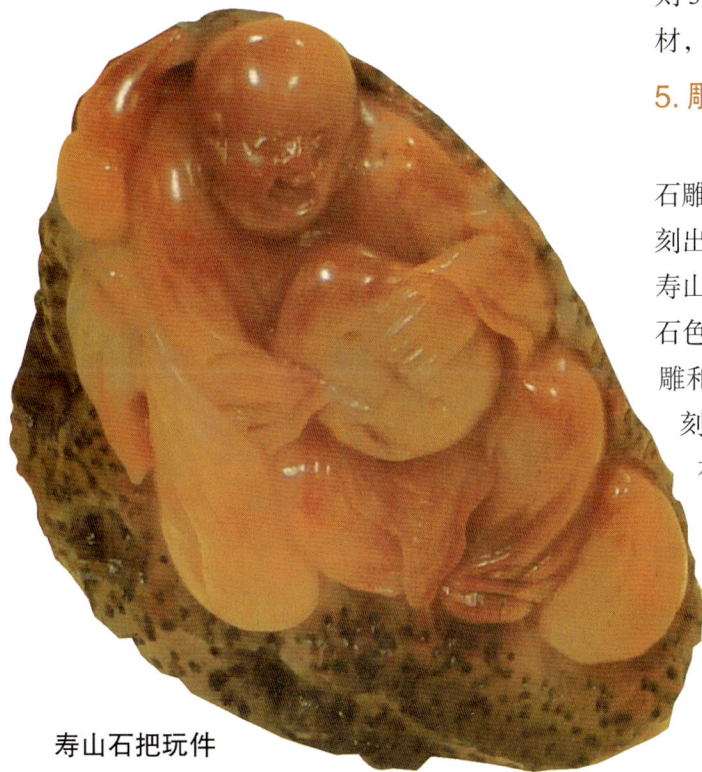

寿山石把玩件

第四章 彩石把玩件

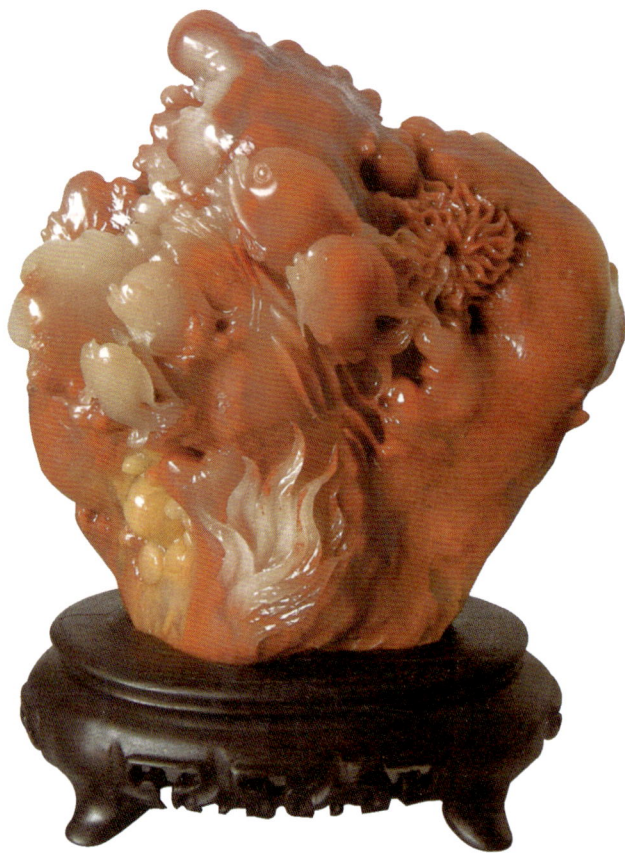

寿山石鲤鱼跳龙门
雕工精美

寿山石把玩件一组
颜色、形态各异

二、昌化石把玩件

一 昌化鸡血石的历史

昌化鸡血石

血浓，血多，血艳，好像还未凝固，犹如真的鸡血

昌化石有艳丽鲜红如鸡血般的色彩和美玉般的质地，历来与和田玉、翡翠、钻石等同样受人珍爱，是中国特有的名贵石种。昌化鸡血石是中国早期"印石三宝"之一，在 1999 年以来的历次中国国石评选中，均为首选国石之一。昌化鸡血石以撩人的美色，赢得"印石皇后"之誉。

昌化鸡血石形成于 7500 万年前的火山活动，发现与开采有 1000 多年历史，大量使用兴于明清。明代，昌化鸡血石工艺品已成为皇宫和英国博物馆的珍藏品。清代，康熙、雍正、乾隆、嘉庆、咸丰等皇帝都选昌化鸡血石作为玉玺。新中国成立之前，由于战乱一度停止开采。新中国成立后曾经作为汞矿开采，没有体现其真正的价值。近年来，采集、收藏、研究、展销昌化鸡血石也非常热。昌化鸡血石文化尤其在日本、韩国和新加坡等东南亚国家及世界华人界更享盛誉。

二 昌化石的产地与特征

它产于浙江省临安市昌化两北的"浙西大峡谷"源头的玉岩山。昌化鸡血石形成于晚侏罗纪（约一亿年前）流纹凝灰岩中，主要矿物成分是迪开石或迪开石和高岭石的过度矿物，辰砂，次要矿物成分是珍珠陶土、硬水铝石、明矾石、黄铁矿和石英等。鸡血石中的血是辰砂。辰砂的化学成分为硫化汞（HgS）。辰砂是"血"的主要成分，颜色有鲜红，大红，紫红，淡红。呈现的状态有团块状、条带状、星点状等。高岭石, 迪开石是质地的主要成分，有白、

黄、红、青、褐等色。迪开石、高岭石的化学成分为 $Al_4(Si_4O_{10})(OH)_2$。透明度为半透明、微透明、不透明等状态。鸡血石的结构主要为隐晶质结构、细粒状结构、鳞片状结构。构造为致密块状构造和角砾状构造。

◎ **颜色分两部分**：即血的颜色和地的颜色。地的颜色呈白色、灰白、灰黄白、灰、浅灰、深灰、红、粉红、紫红、黄、黄灰、黄绿、深绿、棕、黑、无色以及这些颜色的混合色。血的颜色有鲜红、大红、暗红、淡红色。血的颜色由辰砂的颜色、含量、粒度及分布状态所决定。辰砂的颜色与微量元素硒、碲的含量有关，硒碲含量越高，血的颜色越红。辰砂的含量在 9% ～ 20% 时，血最鲜艳。大于 20% 或小于 9% 颜色都不够鲜艳。辰砂的颗粒粗、颜色暗，颗粒越小，血的颜色越红。颗粒分布越均匀，血色越明快。在辰砂上覆盖的迪开石颜色深、厚度大、

透明度差都会使血的颜色变暗。反之，血色更鲜艳。

鸡血石的原石为土状光泽，透明度好的为蜡状光泽。或油脂光泽、个别为玻璃光泽。其中的血为金刚光泽。透明至不透明。非均质集合体。含血量少的鸡血石的折射率为 1.56，密度是 2.53 ～ 2.68 克 / 立方厘米。密度和折射率随着矿物成分的变化而变化。鸡血石具有致密的结构，因而韧性极好。但也有性棉和性脆之分。棉性鸡血石裂纹较少，硬而不脆，多为水坑鸡血石或靠近地表的鸡血石，石性柔和，受刀，雕刻时具有粘性。性脆鸡血石裂纹较多，多为旱坑鸡血石或地下深处的鸡血石，石性脆裂。血的分布形态有点状、线状和团块状。

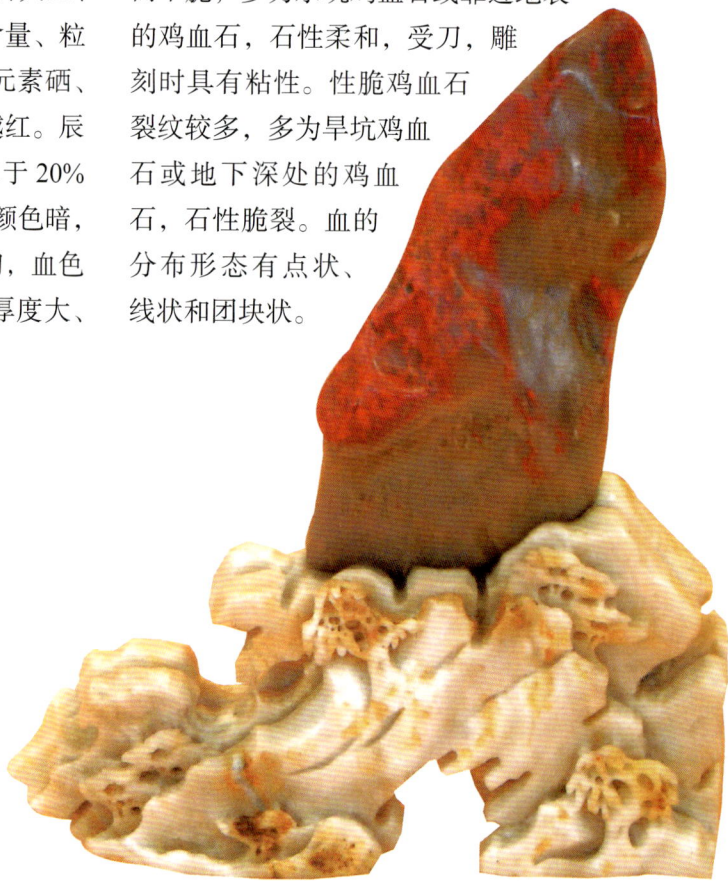

昌化鸡血石小摆件

昌化鸡血石踏血寻梅

三　昌化鸡血石的种类与鉴别

鸡血石按地的成分、颜色、透明度和硬度，分为冻地、软地、刚地、硬地四大类。

1. 冻地鸡血石

冻地鸡血石成分是辰砂与迪开石、高岭石组成的集合体，颜色有白、黑、黄、灰、粉红以及黄、白、黑的混色。硬度为 2 ～ 3 度，微透明至半透明，质地细润明亮。强蜡状光泽。冻地鸡血石是昌化鸡血石中的名品，历来是开采的主要对象。主要品种有：牛角冻、桃花冻、玛瑙冻、羊脂冻、玻璃冻、朱砂冻、芙蓉冻、五彩冻、银灰冻、豆青冻等鸡血石。

2. 软地鸡血石

软地鸡血石成分是辰砂与迪开石、高岭石和少量明矾石、石英组成，呈白、灰白、浅粉、黑、黄及黄白黑的混色，蜡状光泽，硬度为 3 ～ 4 度，不透明或部分微透明。以多姿多彩的软彩石为地，不少品种的血色、血形与色彩丰富的质地相融合形成美丽的图纹。软地鸡血石是昌化鸡血石中最常见的一类，产量约占 60%。主要品种有：黑旋风、瓦灰地、

113

昌化桃花冻石佛光普照

雕工美，意境美

昌化金银冻石

创意好，巧雕恰当

114

桃红地、朱砂地、酱色地、巧石地、白玉地、黄玉地、青玉地、花玉地、紫云地、板纹地等鸡血石。

3. 刚地鸡血石

刚地鸡血石成分是辰砂、迪开石、高岭石、明矾石、硅质成分及微细粒石英的集合体，又分软刚地与硬刚地两类。软刚地硬度为 3～5.5 度，部分质地较细润，有玉质感，不透明，少量微透明，质好者同软地鸡血石相似，但石质脆，易破裂，受热、受震的情况下更是易破裂。硬刚地鸡血石硬度大于 5.5 度。刚地鸡血石以褐黄色、淡红色为主，大部分不宜雕刻，一般稍作加工后以观赏其自然美。主要品种有：刚灰地、刚褐地、刚白地、刚粉红地等鸡血石。

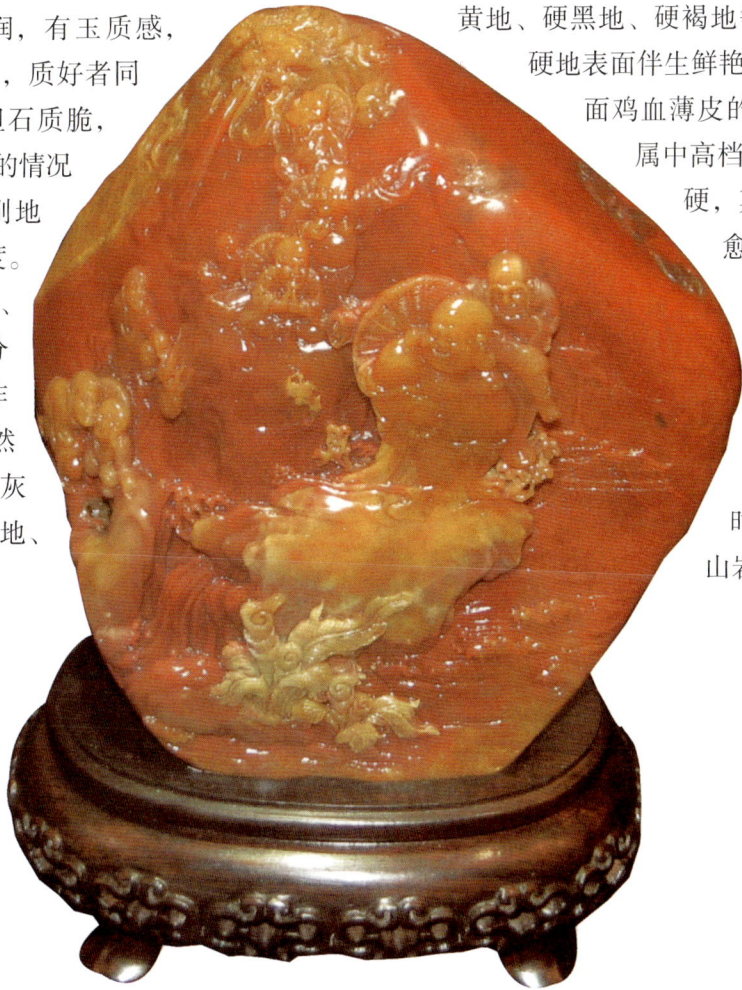

4. 硬地鸡血石

硬地鸡血石的成分是辰砂与硅化凝灰岩组成，主要含 SiO_2，硬度为 6 度以上，有的大于 7 度，不透明，干涩少光，俗称"硬货"。质地颜色较单调，多呈灰色、白色，少量黑色和多色伴生。硬地鸡血石难以雕刻，属低档品。主要品种有：硬灰地、硬黄地、硬黑地、硬褐地等鸡血石。但其中在硬地表面伴生鲜艳鸡血，形成单面或双面鸡血薄皮的，俗称"皮血"，则属中高档或中档品，且质地愈硬，其伴生的"鸡血"亦愈鲜愈浓，愈不容易褪色，质好者是制作工艺品的好材料，有的只经表面抛光就极具观赏价值。昌化鸡血石是中生代时火山热液与酸性火山岩相互作用而形成。

昌化红田石
颜色美，雕工美

把玩件把玩收藏知识百科

115

皮血把玩件
血仅在表面

四 昌化石把玩件价值与收藏

昌化鸡血石以其形、色的奇异、特别、美丽无比百玩难舍。昌化鸡血石的评价主要是其品质的评价和工艺的评价。昌化鸡血石的品质主要从两方面来评价。一是"鸡血",二是质地。即地子。根据地子的透明度分为冻石、普通石,以冻石最佳。地子色有白、粉、黄、灰、绿、黑等颜色,以自如玉的羊脂冻地为上。以石质是否洁净、细润、红色集中、面积大、鲜艳并深入石中的为上。红色分散,呈点状、块状、颜色发紫或发浅的为次。全红而通灵的

称"大红袍",黑白地与鸡血三色者称"刘关张"。

1. 血的评价

血的好坏是由血色、血量、浓度和血形来决定的。

血色

鸡血石的好坏,首观鸡血颜色是否红,要艳而正,还要活,并渐融于地中。血少的可根据血的颜色评价。血的颜色有鲜红、朱红和暗红,鲜红为最佳,朱红次之,暗红最差。如果是同一块鸡血石上有不同颜色的血,要以主色为主。

血量

血在整个鸡血石中所占的百分含量或面积的多少。血多、面积大品级就高。一般含血量大于 70% 者则为绝品,血量 >50% 属于特级品,血量 >30% 的是一级品,血量在 10% ～ 30% 毛的鸡血石属于二级品,血量 <10% 的是三级品。但如血色不美,或地子不佳,则其档次仍要大幅下跌。如为印石,除血量多少外,又据含皮血把玩件血仅在表面血面而分成六面血至一面血六种,以六面血为上品,而以四五面血者为正品,三面血、二面血者为中品,一面血者则为最次。这是定印章品级的重要因素之一。

浓度

浓度指鸡血本身之聚散程度。以聚散程度分为浓、清、散三级,以浓血为贵,清淡者次之。散着最差。所谓浓是指血分布的集中。

116

血形

血形指血的形态，有团血、条血和点状血。其中以团血、条状血为佳，点血次之。有两种以上血形自然结合在一起，此时则要看以那一种血形为主，而定其血形。但血的形态以及所构成的花纹图案很美观，品级和价值也很高。如血形有独特的地方，则常因其独特而使价值倍增。

昌化鸡血石

血色正红，艳

2. 地的评价

地的质量是由颜色、透明度、光泽和硬度、净度、块度决定，以颜色深沉或淡雅。半透明、蜡状光泽和硬度较小的冻地为佳。

颜色

鸡血石的颜色有单色与杂色之分，其中以均匀的单色为佳。

透明度

透明度分为半透明、微透明和不透明三级，从硬地、刚地、软底、冻地，其透明度逐渐增强。半透明的冻地最佳。鸡血石的透明度越好，血就有扩大和增多的效应。也即血照应地子。

光泽

分为油脂光泽、强蜡状光泽、蜡状光泽、土状光泽。油脂光泽的地子最好，其次是强蜡状光泽。

硬度

鸡血石根据硬度可分为冻地、软地、刚地和硬地。冻地最好、软地次之、刚地和硬地较差。

净度

净度指含裂和杂质等瑕疵的程度。缺陷的多寡是最基本也是最重要的进行评价的方法。瑕疵的多少影响鸡血石的美观、雕琢、品级和价值。杂质主要是一些石英、黄铁矿、角砾状的岩石。绺裂有原生的、后生的。

块度

块度越大，价值越高。

鸡血石一般以血多、色鲜、形美者为佳。而血质浮薄飘散者则往往是易退色之下品。鸡血石的地和血有相互照应的关系，血与地对比强烈，血的红色鲜明生动，效果佳，血与地的反差小，如地的颜色呈红、粉红和紫色，则会发生地子吃血现象。

鸡血石的优化处理方法主要有涂层法、拼接镶嵌法、添补法、压制法。

1. 涂层法

在石头表面参照鸡血石的血形将大红色的油漆或硫化汞涂抹在方章上。一方面增加血色，另一方面也可掩盖一些地子上的瑕疵。

◎ 鉴别：

仿造的石材表面为树脂光泽，血色单一，血形单调呆板，不自然。假血浓厚鲜艳。处理的鸡血石有荧光效应，地子为白荧光、油漆为红荧光。天然的石材为蜡状光泽，光泽柔和。天

然鸡血石血色深浅分布不同，血形自然流畅。真血稀薄暗淡，天然鸡血石中的辰砂为红色荧光。

2. 拼接镶嵌法

将小块的鸡血石用胶拼接在一块大的天然的印章石表面，然后再进行一些处理使粘接部位隐藏起来冒充大块鸡血石。或选用一块质地较好的无血的鸡血石，在某些地方挖出一些形状、深浅不一的坑，然后用鸡血石碎料蘸胶水嵌入，然后切磨。

◎ 鉴别：

拼接地方出现低洼区，两侧血形、血色、地以及纹理不连续，缺乏层次感，血色、血形紊乱，变化不自然。

昌化鸡血石摆件

雕工精美

表面涂红红油漆

天然昌化鸡血石印章

黄底

天然昌化鸡血石印章

3. 压制法

压制法用于仿制鸡血石，用岩粉和树脂压制而成，血用辰砂粉末或红色有机燃料制作而成，有时加入一些细粒黄铁矿和少量的石英。

◎鉴别：

①地子颜色单调不透明。天然鸡血石的地由不同时代的迪开石矿物组成，所以透明度不同、颜色不同、形状不同，常含有绺裂和杂质。②密度：由于地子是塑料，血是油漆或辰砂粉末，因而密度低，用手掂重又有轻飘感，天然鸡血石则沉坠。③用热针触及则软化或冒白烟。④用手摸，仿造鸡血石有温感，天然鸡血石则给人凉感。⑤树脂和红油漆通常有荧光。

4. 添补法

根据雕件设计的需要，在某个部位用皎水添补

119

上鸡血石或冻石、彩石等。要仔细检查质地、颜色明显差异的部位。贴接处用刻刀刻划，可感觉到明显差别。

三、巴林石把玩件

一 巴林石的历史

巴林石以其美丽的色泽，奇特的纹理，温润的质地跻身于四大印石行列。有文字记载巴林石的开发时期可追溯到 800 年前。最初人们只是利用它制作生活用品，如石碗、石臼等。相传，成吉思汗在统一蒙古各部落后举行的盛大庆宴上，曾有人奉献了一只用巴林石雕刻的石碗，成吉思汗称其为"天赐之石"。清朝前后，只是对巴林石进行小规模的开采。当时巴林石也作为贡品和礼物进奉朝廷。巴林石大面积开采的历史较短。1973 年我国正式大规模勘探开采巴林石。1978 年国家轻工业部才将巴林石矿列为我国三大彩石基地之一，正式命名为中国巴林石。在"四大印石"中巴林石最为年轻。巴林石刻出的鸡血图章，被行家们称作是各类印章中的珍品。目前，巴林石矿的开采主要是按市场的需求进行控制性季节性开采。近年来，巴林石在我国的声望日益高涨，价格连年上扬。巴林石名品辈出，巴林石的一些优秀品种已接近或超过寿山、青田石高级印材。如鸡血石，一方印章售价数千万元，已属常见。

二 巴林石的产地、特征

巴林石产于内蒙古自治区东部的赤峰市巴林右旗查干沐沦苏木地域，矿区距旗政府大板镇 50 公里，距赤峰市市区 240 公里，赤峰市是巴林石的主要集散地。

巴林石主要成分是以迪开石、高岭石为主的多种矿物组成的集合体。化学成分为 Al_2O_3、SiO_2，此外，还有钙、镁、硫、钾、钠、锰、铁、钛等氧化物，部分含有较多的硫化汞。这些物质的存在和比例上的变化，使得巴林石具有丰富的色彩。巴林石的颜色有乳白、青灰、淡黄色、黑褐色、黄褐色、鸡血红或朱红、杂色等。含铁元素较多的石头呈黄、红色，锰元素侵入石中有水草花的现象，铝元素多会呈现灰色和白色。巴林石呈块状，细腻润滑，晶莹如玉，是名贵的石雕材料。光泽为腊状

巴林石方章

120

光泽、丝绢光泽、玻璃光泽。透明度为微透明一半透明。硬度为 2～4，密度为 2.4～2.7 克／立方厘米。整体来说巴林石质细腻，温润柔和，透明度较高，硬度比寿山石、青田石、昌化石软，为上乘石料，稍显不足的红色鸡血部分较易氧化、褪色，尤其是在阳光和紫外线的照射下，汞极易分解。

三 巴林石的种类与鉴别

根据巴林石的颜色、质地、结构等把巴林石分为巴林鸡血石、巴林福黄石、巴林冻石、巴林彩石四类。

1. 巴林福黄石

颜色以黄色为主，有深黄、浅黄等。根据黄色的不同，民间叫法有黄中黄、蜜蜡黄、鸡油黄、水淡黄、流沙黄、虎皮黄等二十多种，有的品种和田黄极为相似近，不分伯仲，被称为"姊妹石"，是巴林石中的精品。福黄石质地透明而柔和，坚而不脆，集细、洁、润、腻、温、凝六大要素于一身，彩石界素有"一寸福黄三寸金"之说。

巴林福黄石方章

颜色美，油润

巴林石原石把玩件

2. 巴林鸡血石

巴林鸡血石是巴林石中的极品，血的颜色有鲜红、朱红暗红等，呈块状，条带状、星点状分布。质地温润坚实，石上斑斑血迹聚散有致，红光照人。巴林彩石其彩色图案以天然见长，色彩艳丽多姿，纹理惟妙惟肖，美丽奇妙。巴林彩石上绚丽的色彩，流畅的线条，形成栩栩如生的水草松枝等天然画面，鬼斧神工地表现了大自然的奥妙。国内唯巴林盛产彩石，实属独一无二。

3. 巴林冻石

具有一定的透明度，透明到半透明，质地似皮冻而得名。颜色不以黄色为主的巴林石都为冻石。是巴林石中最多的一类。产量最大。根据脆性分为棉性和脆性两种。根据颜色和透明度、构造又分为羊脂冻、桃花冻、玫瑰冻、芙蓉冻、牛角冻、鱼子冻、水晶冻等几十种。石质细润、清亮、颜色妩媚，巴林彩冻石似婴儿之肌肤，娇嫩无比，其彩霞冻石更为珍贵，洁白透明，肌体中所渗之云霞状红色纹理似漫天的水彩画。

4. 巴林彩石

不透明，以色彩丰富而得名。突出的特点是色彩绚丽多姿，切割后常常会拼出千姿百态的图案。

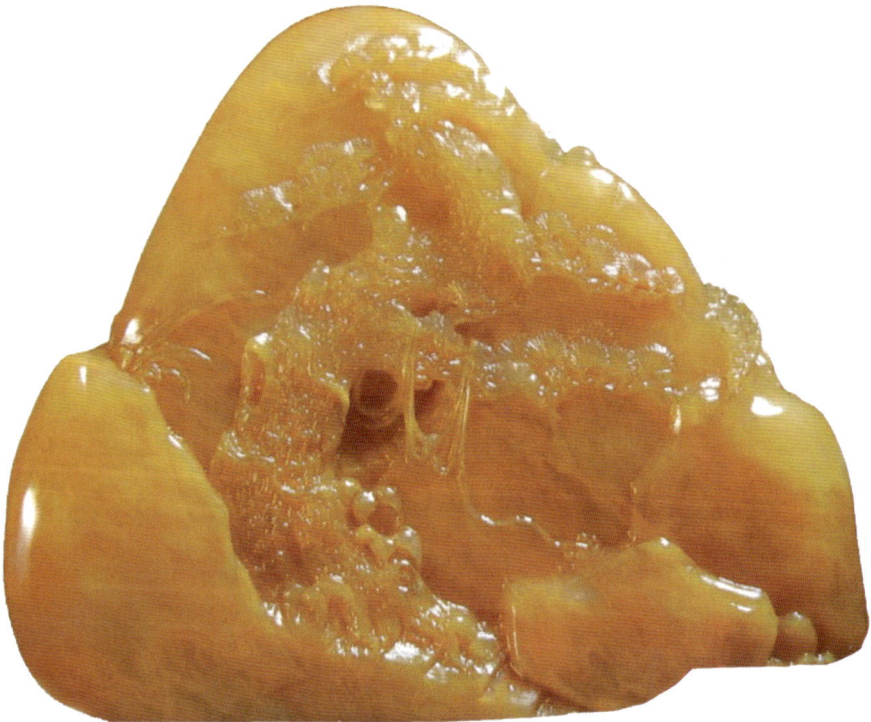

巴林福黄石山子

水头好，冻的感觉明显，雕工精美

巴林鸡血石小摆件

块大，雕工精美

（四）马林石把玩件价值与收藏

◎**巴林石的质量评价：**主要从质地、颜色、工艺方面来评价。质地同样具有寿山石的六德，细、结、润、腻、温、凝。巴林石的颜色丰富，一些鉴赏家评价巴林石为以红黄为贵，蓝绿为艳、五彩为奇。工艺就是对巴林石的形状、花纹、图案和加工后的作品进行评价。也就是观看整体的构思和造型，还有命名是否与巴林石的天然美结合的天衣无缝、巧夺天

工，而且使原来的石材得到升华。

◎**巴林石品质分级：**主要根据巴林石的品种分别进行评价，不同的品种具体评价内容不同。

1.巴林鸡血石按品级将其划分为四级

◎**极品：**质地细腻，血色艳丽且极为罕见。最有名的恐怕就是大红袍和刘、关、张。血面占整个石材的绝大部分的鸡血石称为大红袍。一块石上有红、黑、黄三色均匀分布称为刘、关、张，均属极品。地子为优质冻石的鸡血形成的奇艳图案也属极品。

◎**上品**：地子为质量较好的冻石，纯净无杂质，无钉无绺，血色鲜红，血面大，血线宽厚，而且前后贯穿，血地搭配巧妙，硬度适中，加工后造型美观，光泽好。

◎**中品**：地子为较差的冻石或彩石，底色与血色反差不大，花纹不规整，或血色面积小，血线不厚或血色不鲜或有少量钉绺，加工后形状和光泽较好。

◎**下品**：底子为较差的冻石或五彩石，鸡血不够鲜。或老紫或呈小面积点状分布，加

工后无形无光者为下品。

总之，巴林鸡血石和昌化鸡血石一个产地在北方，一个产地在南方。目前昌化鸡血石的产量日渐稀少，而巴林鸡血石的产量、销量等均超过昌化。它们也有各自的特点，巴林鸡血石色浮鲜，昌化石色沉着。两者的质地，巴林石多花纹，昌化较纯粹。

所以也有同行称赞两者是"南血北地"（巴林石地子好），各有千秋。

巴林鸡血石

2. 巴林福黄石可分为两个品级

◎**极品**：产量极少现在已经几乎没有产出，质地与田黄相差无几。

◎**上品**：质地细腻、透明，通体为黄色，隐现纤维状的水痕。

3. 巴林冻石分为四个级别

◎**极品**：质地纯正、透明度较高、无绺裂、块度适中，这类冻石要么图案美丽、要么出现蓝绿颜色，面积大、颜色正。

◎**辩上品**：质地细腻、透明度较高，颜色纯正，石质不干、不燥，不含钉绺、不含杂质。如水晶冻、玫瑰冻、芙蓉冻等。

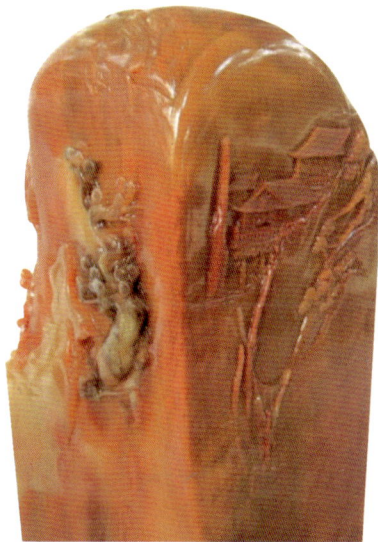

巴林冻石方章

◎**中品**：质地透明度稍差，纹理不够清晰，颜色单一不够纯正。或颜色不鲜艳，稍含钉绺或有裂纹但不影响质量，有一定的块度。

◎**下品**：品质较差，裂绺较多，透明度较差，颜色不够鲜亮。

巴林冻石方章

4. 巴林彩石类划分为四个级别

◎**极品**：在彩石中能切出图案，图案线条清晰，颜色纯正、形象逼真，质地与色彩衬托完美,块度适中。

◎**上品**：本身带有各种线条或斑块，如满天星、豹子点、红花石、紫云石等。还有是通体为一种颜色、不含其它杂色，或虽然是两种以上的颜色，但颜色之间界限分明，比例协调。颜色纯正、硬度适中、没有砂钉、块度适中。

◎**中品**：整体以一种颜色为主，颜色不够纯正，带有其它颜色，而且不成比例，石面略显杂乱，不够协调。

◎**下品**：颜色不正，绺裂较多，块度不够大。

五 鸡血石与相似玉石的鉴别

常见的与鸡血石相似的玉石有玉髓、染色岫玉。

1. 鸡血石与玉髓的区别

含红色或棕红色斑点和条带的不透明的玉髓外观上与鸡血石有相似之处，但玉髓硬度大，为6.5～7，鸡血石较软，硬度为2～4。鸡血石中的血是鲜红色，而玉髓中的红色为棕红色。玉髓是玻璃光泽，鸡血石是蜡状光泽。

2. 鸡血石与染色岫玉的区别

染色岫玉的血色为紫红或玫瑰红色，血色不正，而且血沿裂隙分布成丝状，整体构成网状。鸡血石的血有脉状、块状、点状。染色岫玉的地子为半透明状，鸡血石的地子多呈不透明状。

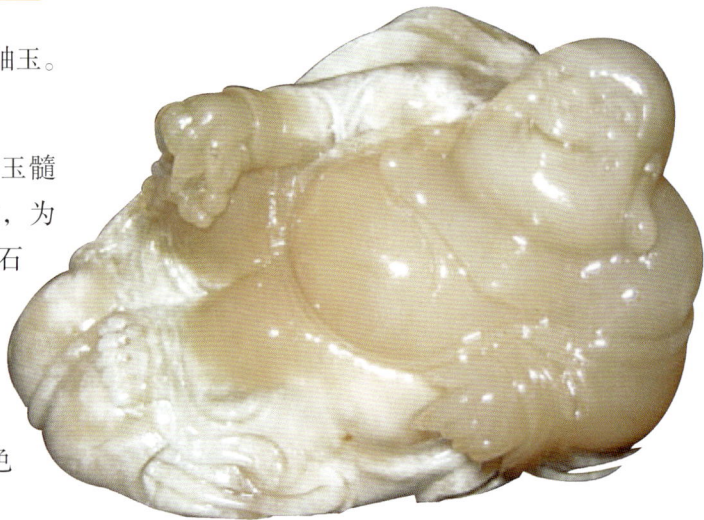

巴林冻石布袋佛

四、青田石把玩件

一 青田石的历史

青田石雕，现已闻名全世界。根据出土文物，青田石雕早在六朝时，就已经问世了。浙江博物馆收藏有六朝时的小石猪多只，其中四只石猪，石料为青田所产的黄石。元、明时期，青田石除大量制作石章外，尚雕刻笔筒、砚台等文房用具和石碑、香炉、佛像等实用品。在清代，用青田石制作的不仅有丰富的实用工艺品，而且出现大批侧重观赏的陈设品；不仅供民间选用，而且进入宫廷为帝王享用；不仅在国内销售，而且远销海外。清代历朝皇帝都十分喜爱青田石章，特别是乾隆皇帝收藏的青田石章就达190余方。青田石印章和雕刻艺术品，大约在20世纪80年代初进入国际市场，风行一时，尤其是在东南亚地区最受欢迎。有人把浙江昌化鸡

青田石印章年年有鱼

血石比作争艳的牡丹，福建寿山"田黄石"比作高洁的梅花，浙江青田"灯光冻石"比作优雅的兰花。

二 青田石的产地与特征

青田石，因产于浙江省南部青田县的图书洞、方山、白垟、岩垄、风门山一带而得名。

◎**颜色**：色彩丰富，花纹奇特。矿物成分主要为叶蜡石，迪开石、高岭石以及伊利石和绢云母等，次要矿物有石英、高岭石、蒙脱石、红柱石、矽线石、刚玉等。主要化学成分为 Al_2O_3 和 SiO_2，含有少量的 K、Mn、Ti、Fe 等元素。化学式为 $Al_2(Si_4O_{10})(OH)_2$，微量元素的含量直接影响青田石的颜色。

◎**结构**：具有显微鳞片变晶结构、团粒状结构、放射状结构、不规则的放射纤维状结构。

◎**构造**：块状、条纹状、条带状、球状构造。

超冻地红紫檀冻

◎**光学性质**：青田石的颜色有多种多样，但它比福建寿山石稍逊一筹，有时还显得比较单调。但是，青田石具有色纯质细的特点。主要颜色有青白、淡绿、浅黄、黄绿、淡黄、紫蓝、深蓝、灰紫、灰白、白等。含氧化铁、黄铁矿的青田石呈黄色、棕黄色。含赤铁矿的青田石呈红、红褐色。含钛元素呈淡红色，锰元素呈紫色，有机质呈褐色、深黑色，绿泥石混入呈绿色等。光泽为蜡状光泽、玻璃光泽、油脂光泽。不透明至半透明，少数透明。折射率为 $1.53 \sim 1.60$，是非均质集合体。密度为 $2.65 \sim 2.90$ 克／立方厘米，随着所含矿物种类的不同，密度会

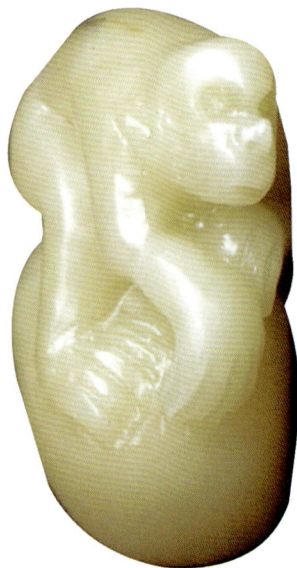
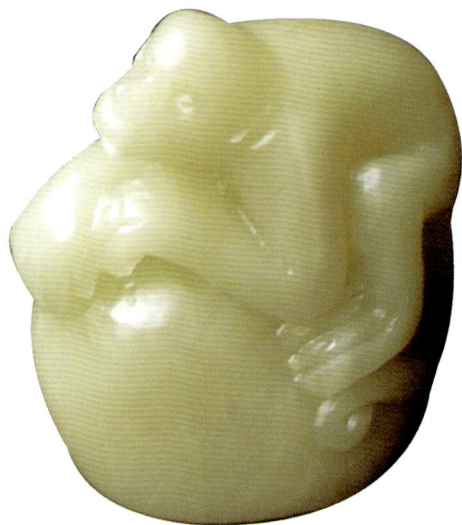

封门青猴把玩件

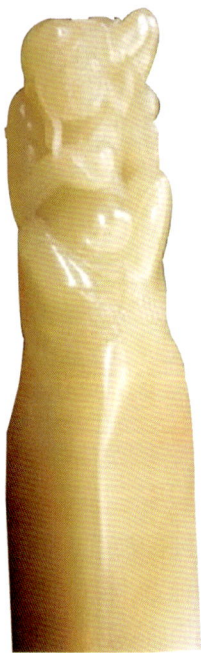

灯光冻印章

黄金耀

颜色美，质地细腻

128

发生变化。硬度为 1 ～ 1.5，常含蓝色和白色斑点。

三 青田石的种类与鉴别

　　青田石的质地、色泽、纹理千差万别，长期以来，青田石的品种以其产出坑口命名，叫法不一。青田石根据开采时的石性、颜色、透明度等的差别，分类命名有 10 大类 108 种之多，灯光冻、封门青、竹叶青、蓝星等品种自古至今都属于青田石中的上品，也是藏家梦寐以求的品种。青田石的石质有较大差异，质地好的青田石，都结晶成半透明状的石材，光洁如玉，细腻而微坚。本章节主要介绍以下主要品种：封门青、灯光冻、封门三彩、黄金耀、龙蛋、蓝星、五彩冻、紫檀花冻、白果、金玉冻、山炮绿、冰花冻、葡萄冻、鱼脑冻、红木冻。

◎**封门青**：因产于封门山而得名，色青而泛黄，质地细腻，像清淡之嫩叶，也有青翠如碧玉者，封门青以清新见长。

◎**灯光冻**：又称灯明石，灯光冻是青田石中的极品，产量极少。莹洁如玉，半透明－透明，难得大块材料。在灯光照射下，仿佛将灯光冻在其中，故名"灯光冻"。石质细密，是青田石中最为名贵的品种，最受人们喜爱，价值好比黄金。一直被作为收藏佳品，被誉为"石中精品"。

◎**封门三彩**：以黑色为主调，上有酱油冻、中间往往有封门青薄层。有时为黑、青、黄、棕、蓝多色或仅有两种颜色，质地细腻、

◎**黄金耀**：黄色质地纯净、细洁、温润。

◎**龙蛋**：俗称卵岩，赋存于紫色岩石中，小的如蛋，大的似瓜。外有深棕色薄壳，质地细腻。

色正，干净漂亮

蓝星印章

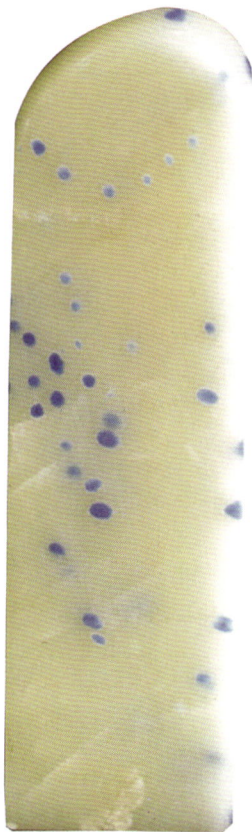

◎**蓝星**：又叫蓝星青田，在青色、黄色石料上有蓝色星点状矿物，蓝色矿物为蓝线石，质地较软。上品蔚蓝纯美，市场上已经很少见到，价位也大幅攀升。

◎**五彩冻**：一块黑色的石料上有红、黄、绿、紫、白等色，质老不易风化，但现已基本停产。

◎**紫檀花冻**：地子为紫檀色或红木色，地子上有青色或黄色冻质花纹、斑块、分布较散杂。

◎**白果：**封门所产的一种颜色浅绿、半透明、纯净如熟白果的白果青田，也是上等石材。

脑而得名。石质半透明，温润如玉，为青田石中的上品。

青田白果方章

白净、高雅

青田山炮绿方章

颜色美

◎**金玉冻：**青黄两色，青色的温润明净，黄色的灵透光洁，两者过度自然，质地细腻微冻，是雕刻的上等石料。

◎**山炮绿：**颜色像翡翠一样艳丽，也称翡翠青田，质地微冻，性坚而脆，肌理有许多白色的麻点、黄色的斑纹和硬砂块，多裂纹，纯净者很少。

◎**冰花冻：**青色微黄似冰如冻，清晰可见内含的白色斑纹，是山口一代最透明的青田石。

◎**葡萄冻：**质地深紫色，上有圆形青白色冻点，状似一颗颗葡萄石，石质细润。

◎**鱼脑冻：**鱼脑冻呈青白色或淡灰青色，因酷似鱼

葡萄冻方章

◎红木冻：红木色，石料中常夹青白色条带状冻石。质地细腻，色调典雅，光泽特好，料少名贵。

红木冻方章

灯光冻、鱼脑冻和白果青田，是青田石中最为杰出的三种名石。它们一贯受到收藏家的青睐。

四 青田石的优化处理

青田石常见的优化处理方法有拼贴法、模压法、嵌补法。

◎拼贴法：主要是用于仿封门青的章料。将封门青石料切成薄片，然后用对角拼接工艺拼贴于普通方章的六个面。鉴别特征：仔细观察对角线处，寻找拼接缝。

◎模压法：用封门青石料添加颜料搅拌胶水压制而成。主要是用于仿封门青的张力和龙蛋。用封门青石料添加颜料拌胶水压制而成。外观色彩纯净、无裂纹、无杂质、微透明、体积大，颜色无过度，透明度无过度。鉴别特征：用手摸石料感觉温和，无凉感；对光观察，天然石章边缘有透明感，仿石章为增加重量，在章内部有铁条，隐约可见。

◎嵌补法：用质地较好的蓝星方章或随心章，钻一些大小不一的浅洞，再用树胶调和蓝色颜料，再嵌入洞内，待干燥后打光上蜡。鉴别特征：外观蓝点鲜密，过于圆，无自然感，无深浅不一的层次感。

五 青田石把玩件价值与收藏

在收藏市场上，青田石正以黑马的姿态杀入。据统计，近两年青田石收藏保持了每年 50% 的增长速度。2008 年，浙江省工艺美术大师陈小甫青田石雕件作品《喜鹊登门》在中央电视台《鉴宝》栏目被专家估价 30 万元，时隔不久，浙江省工艺美术大师张爱光作品《金晖》又被估价 60 万元。其实，青田石的名贵由来已久。如今青田石的总体产量和精品数量已大不如昔，而收藏队伍的逐渐扩大，导致其价格逐年攀升。这几年青田石价格扶摇直上，尤其是印章，即使是普通品三年也涨了 5 倍，精品更是足足涨了 20 倍之多。同时，比较于近年来书画、邮票等收藏的大起大落，青田石一直处于稳步上升的阶段。价格相对田黄、鸡血要低，作假相对较少。这样投资者买到造假的产品的机会就少，只要把握好了品质和雕刻关，便可买到可保值升值的真品。

青田石的质量评价可以从颜色、质地、净度、块度等方面进行评价。品质好的青田石要颜色艳丽均一，光泽强，质地细腻、透明度好、无或少裂纹、纯净无杂质、块度大。反之为质量差。

優质封门青方章

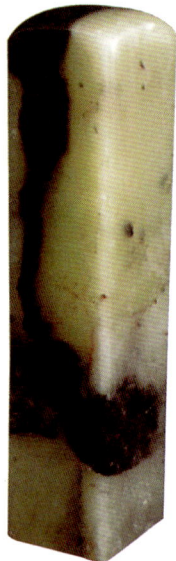

青田石紫檀冻方章

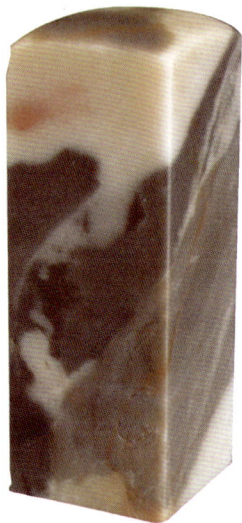

青田三彩方章

青田石封门方章

五、彩石质把玩件保养

由于彩石质把玩件的硬度较低，所以有自己的保养方法。

①避免和其他物体一起存放，以免互相摩擦。石表被灰尘、污物沾染时，要用细软的绸布轻轻擦抹、除尘保洁。忌刻划经过雕刻加工的彩石雕刻成品，最好陈列室内。不要用金属片或其它硬物修刮。

②忌高温，避免阳光曝晒和高温环境。最忌干燥，要经常保持湿润，收藏于阴凉潮湿处。

③上油，彩石印章和把玩件，最好经常用手摩挲抚玩，石面会附着一层极薄的手油，久而久之，石质便会温润如玉。也有的收藏者平时擦白茶油或橄榄油，让石表吸油质，使石材变得更加洁净莹澈。

④打蜡上油，油养是寿山石养护的一个重要手段。但一般好质量的寿山石则不太需要这些。

第五章 宝石把玩件

一、宝石把玩件概论

一 宝石的定义

　　我国珠宝玉石业根据宝石的成因类型，考虑国际通用性，和我国以玉石为特色这三个方面，将珠宝玉石分为天然珠宝玉石和人工珠宝玉石两大类。天然珠宝玉石又分为天然宝石，天然玉石，天然有机宝石。人工宝石又分为合成宝石，人造宝石，拼合宝石和再造宝石。广义上，珠宝玉石是对天然珠宝玉石（包括天然宝石、天然玉石和天然有机宝石）和人工宝石（包括合成宝石、人造宝石、拼合宝石和再造宝石）的统称，简称宝石。狭义上，天然宝石指由自然界产出，具有美观、耐久、稀少属性，可加工成装饰品的矿物的单晶体（可含双晶），实质上是无机宝石。此外，珍珠、象牙、琥珀、珊瑚等这些由自然界生物生成，部分或全部由有机物质组

成可用于装饰的物质属于天然有机宝石。习惯上，天然宝石讨论时也经常包括天然有机宝石。

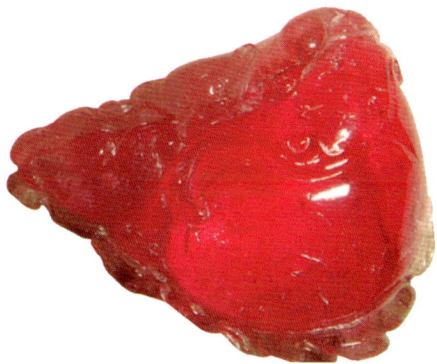

精美粉碧玺福禄寿

粉色正，透亮

蓝碧玺螭龙
色淡，透亮

碧玺连年有余

块大，三色浓，内部瑕疵少，
是上好的碧玺雕件

讲，有些珍贵宝石品种在尺度上也可达到一定尺度，例如英王权杖上镶嵌的一颗库里南钻石重量达 500 克拉之巨，但内部干净，质量上乘，用刻面的形态最能展现钻石的天然色彩璀璨之美，所以，虽具有观赏把玩的属性，具备把玩件的大小，但他是钻石饰品，而不是真正意义上的把玩件。当然，同和田玉、翡翠等玉石把玩件的性质一样，宝石把玩件是中国独有的一类宝石赏玩品种。

从宝石市场客观发展的传统及现实看，无机宝石只有碧玺、海蓝宝石、水晶、石榴石等存在把玩件的类别，有机宝石琥珀，象牙，珊瑚等存在把玩件类别。而从市场上看，一些品种如石榴石，是极少见的，本章将不予讨论。刚玉黝帘石是近些年市场出现的一类特殊类型的矿物岩石共生体，民间也俗称红绿宝石，本章将其纳入讨论的范围。

宝石把玩件除上述具有一定文化内涵和一定尺度大小两个因素外，还有一个重要特征。即从经济意义上讲，一般透明无瑕少瑕的优质贵重宝石矿物晶体首先是用来做刻面宝石加工之选的，因为通过刻面最能闪现宝石的色彩靓丽之美，也从而使宝石的经济价值最大化；而只有当宝石晶体内部包裹体多，瑕疵、裂纹多，透明度差，用作宝石刻面或弧面戒面效果不佳经济效益差时，方用来做宝石把玩件的，例如碧玺和海蓝宝石即是。当然，这是普遍的意义而言，也有个例是选择优质宝石晶体来做把玩件。对于材料大，选材相对容易的水晶类宝石情况又不同，它选用做把玩件的水晶晶体一般较好，或透明，或色泽艳丽，或有特殊的包裹体，而透明度差，杂质包裹体排列分布无特点，裂隙多的晶体目前利用价值不高。

二、碧玺把玩件鉴赏

碧玺的矿物名称为电气石，英文名称 Tourmaline，由古僧伽罗（锡兰）语 Turmali 一词衍生而来，意思为"混合宝石"。碧玺是目前市场上深受欢迎的有色宝石之一，其中的优质者已然成为高档宝石的象征，身价大涨，碧玺被誉为十月生辰石。

绿碧玺如意
色正

红黄碧玺金蟾
难得的巧色

一 碧玺的历史与传说

传说最早发现碧玺是在1703年，荷兰的阿姆斯特丹几个小孩玩着荷兰航海者带回的石头，并且发现这些石头除了在阳光底下出现的奇异色彩外，更惊讶这些石头有一种能吸引或排斥轻物体如灰尘或草屑的力量，因此，荷兰人把他叫做吸灰石。1768年，瑞典著名科学家林内斯发现了碧玺具有压电性（对碧玺的C轴方向加压，会在两极的部位产生电荷）和热电性（指在温度变化下，将会在两极产生电荷），所以碧玺又称为电气石，这就是碧玺矿物名称的由来。

其实碧玺很早就被发现和利用，但是早期它可能是被当作了祖母绿，所以早期宝石著作中没有记载。在宝石王国——巴西的克鲁赛罗地区有一座山，1674年就产出了绿碧玺，因其颜色十分像祖母绿，

被认作祖母绿，那座山就被称为"祖母绿之山"。后来第一次世界大战和第二次世界大战期间，此山开采云母，又发现了绿碧玺和蓝碧玺，但至今并无祖母绿产出。可见那里最早发现的祖母绿很可能就是碧玺。17世纪，巴西向欧洲出口的深绿色长柱状碧玺，当时被称为"巴西祖母绿"。这种绿色的柱状晶体被发现很多年，对她的认识却很模糊。同样是碧玺，黑电气石（黑碧玺）16世纪人们就已经认识了。但是到了1768年，瑞典著名科学家林内斯才发现黑电气石和绿色品种（绿碧玺）之间的关系。此后不久，法国科学家迪利索最后证实了绿碧玺和黑碧玺在结晶特征和物理性质上相同，应属同一矿物。但过了很长时间，人们才采纳了现在的名称，即英文 Toumaline。

红－绿碧玺观音
色偏淡

碧玺在中国也颇受推崇。碧玺最早出现于中国，据传是在唐朝贞观十八年（公元644年），唐太宗在征西时就曾得到过碧玺，并将其刻成玉玺印章。明朝，皇帝专门派太监或大臣到云南腾越督办采购碧玺和红宝、蓝宝，特别是明朝永乐年间。碧玺这个名词最早出现于清代典籍《石雅》之中："碧亚么之名，中国载籍，未详所自出。清会典图云：妃嫔顶用碧亚么。滇海虞衡志称：碧霞碧一曰碧霞玭，一曰碧洗；玉纪又做碧霞希。今世人但称碧亚，或作璧碧，然已无问其名之所由来者，惟为异域方言，则无疑耳。"而在之后的历史文献中也可找到称为砒硒、碧玺、碧霞希、碎邪金等之称呼。我们现在称呼的碧玺是珠宝行业惯用的名称。碧玺取音"避

邪"，寓意吉利，在我国清代皇宫中，存有较多的碧玺饰物，在清朝只有一二品官员的顶戴才能用其镶嵌，清典《石雅》中更有对碧玺的专门介绍。碧玺曾是慈禧太后的最爱，据历史记载，清朝慈禧太后的殉葬品中，有一朵用碧玺雕琢而成的莲花，重量为36两8钱（约5092克）以及西瓜碧玺做成的枕头，当时的价值为75万两白银。除此之外，其他碧玺首饰有：红碧玺朝珠、红碧玺手串、紫碧玺手串、红碧玺念珠、金镶红碧玺正珠、红碧玺抱头莲、绿玉镶红碧玺抱头莲、红碧玺绿玉穿珠菊花、红碧玺镏子、红碧玺帽花。

现代科学证实，碧玺特有的压电性和热电性可使周围空气电离，激发形成大量负离子，净化甲醛、灰尘、细菌等"邪物"。在日本，某些机构研究了碧玺的热电性及压电性，认为这一特性在医疗上可以产生神奇的疗效，提高自然治愈力，所以碧玺在日本也相当的受欢迎。

黄碧玺龙

颜色不正

二　碧玺的鉴定特征

1. 碧玺基本特征

电气石是一种以含B为特征的复杂的硼硅酸盐，化学分子式为$(Ca，K，Na)(Al，Fe，Li，Mg，Mn)_3(Al，Cr，Fe，V)_6(BO_3)_3(Si_6O_{18})(OH，F)_4$。电气石的颜色常见深红色、粉红色、绿色、深蓝色、天蓝色、褐色和黑色等。且常见双色分带共生的现象，其分带可与晶体底面平行，也可以形成平行柱面的环带。碧玺的透明度和光泽：透明－半透明－

不透明。玻璃光泽。光性特征：一轴晶，负光性。发光性：一般无荧光，粉红色碧玺在长、短波紫外光下有弱红到紫色的荧光。宝光效应：含大量平行纤维或线状空管的碧玺切磨成弧型宝石后可显示猫眼效应，但是由于管状包体很粗，猫眼效应通常较差。无解理，贝壳状断口。晶体横截面呈球面三角形。晶面具纵纹。硬度为 7 ~ 8。密度为 3.06 克 / 立方厘米（ ± 0.20，−0.60）。

2. 碧玺的颜色

◎ **碧玺按其颜色可分为下列主要品种：**

红 - 粉红色碧玺（Rubellite）：由于含锰而呈红到粉红色，多色性明显，呈红色到粉红色。价值最高的为商界称为"双桃红"的碧玺；绿色碧玺（Verdelite）：由于含铬和钒元素而呈绿色，多色性明显，为浅绿色和深绿色。双折射率高，通常为 0.018，最高为 0.039；蓝色碧玺（Indicolite）：由于含铁而呈蓝色，多色性由明显到弱，呈深蓝色和浅蓝色；褐色碧玺：多为镁碧玺，多色性明显，为深褐色到绿褐色。黑碧玺（Schorl）、紫碧

红色电气石晶体

透亮，晶体柱状，表面生长纹清晰

粉红色电气石晶体

柱面纵纹，顶部有颜色变化

西瓜碧玺

由外到内分三层,分别是绿色、粉色和紫红色

玺（Siberite）、无色碧玺（Achroite）、钠镁碧玺（Dravite）、亚历山大变色碧玺（Color-change）、钙锂碧玺（Liddicoatite）、含铬碧玺（Chrome）、双色碧玺（Bi–Colored）：往往沿晶体的长轴方向分布的色带（双色、三色和多色），或呈同心带状分布的色带，通常内红外绿时称"西瓜碧玺"、猫眼碧玺（Cat'seye）。

帕拉依巴碧玺（Paraiba）：这是一种非常特别的碧玺，独立于所有普通颜色的碧玺品种之外。帕拉依巴碧玺（Paraiba）有着极为美丽迷人的颜色范围：祖母绿的绿、游泳池水般的湖蓝、蓝宝石的浓蓝紫、紫红色。但它们都被独立称作帕拉伊巴碧玺。高浓度的铜元素使得宝石具有十分罕见耀眼的霓红蓝绿色调，给人第一眼的感觉非常震撼，明亮异常且带有电光，有人形容初见它时的感觉就像被闪电击到一样，从此一见钟情。这种碧玺在二十多年前在巴西的帕拉伊巴州的 Sao Jose de Batalha 村被发现，在 1990 年的图森宝石展期间，帕拉伊巴碧玺在短短四天内价格就飙升了近 10 倍，令人惊叹。帕拉伊巴碧玺的产量非常有限，每月不过几十克拉，但欧美和日本市场对这种宝石的需求丝毫没有减退的迹象，反而更加热烈。现在优质的蓝色或蓝绿色帕拉伊巴的每克拉单价约在 2 万美金。

2001 年，产自非洲尼日利亚的明蓝色调的碧玺出现在市场上引起轰动，因为它们与帕拉伊巴碧玺的颜色非常接近，但那种闪亮的"电光"稍弱一些。有些地质学专家认为：在大陆分离之前，尼日利亚和巴西是相邻的，所以这 2 个地方的碧玺可能在远古属于同一个矿脉。

据悉，曾有一颗产自巴西、重 50 克拉的帕拉伊巴碧玺，以世界之最载入了吉尼斯世界纪录。近期有报道：2009 年 10 月美国宝石研究所鉴定确认了一颗重 192 克拉，呈椭圆切割款式，像一颗晶莹剔透的绿松石一样的帕拉伊巴碧玺宝石，这个碧玺宝石太美了、太珍贵了，它轰动了世界珠宝界，吸引了世界著名的收藏家。估计这颗 192 克拉的珍稀碧玺价值在 2500 万美元至 1.25 亿美元之间。现在这颗碧玺正在申办世界吉尼斯世界纪录。据了解，在世界宝石开采中，每采出 1000 颗钻石，才有可能采出一颗帕拉伊巴碧玺。因此，Paraiba 碧玺就更显稀有、珍奇，比宝石之王——钻石还要珍贵。据统计，到目前为止全世界开采出来的 Paraiba 碧玺宝石原料总重量不超过 50 千克。

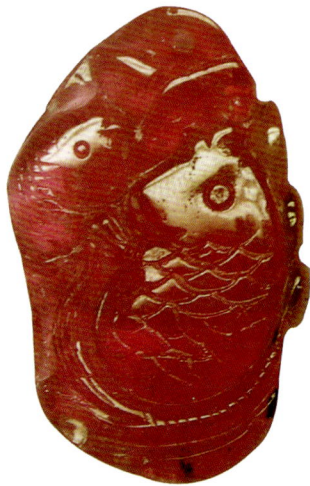

碧玺双鱼
色正、透亮

碧玺连年有余

色艳、透亮

三　碧玺的成因与产地

碧玺多产在花岗伟晶岩中和冲积矿床，同水晶、黄玉、绿柱石、磷灰石等共生，通常碧玺晶形比较好，经常有碧玺、海蓝宝石共生的晶族产出。世界上出产碧玺的国家很多，巴西产红、绿、蓝碧玺，巴西绿碧玺很有名，俗称"巴西祖母绿"，米纳斯吉拉斯地区主要产红色碧玺、二色碧玺和碧玺猫眼，而巴西产出的帕拉依巴碧玺更是极品中的极品，被称为"碧玺之王"，甚至比天然钻石更珍贵。斯里兰卡产出黄色碧玺和褐色碧玺，出自该国东南部冲积砂矿之中。阿富汗产浅绿碧玺，缅甸产出红色碧玺，产自片麻岩和花岗岩的冲积砂矿中。莫桑比克产出上等红色和双色碧玺。美国产出多种颜色的优质碧玺，加州以红碧玺最有名，缅因州则是红、绿

和西瓜碧玺，其它如纽约州、康涅狄格州、科罗拉多州等也产碧玺。前苏联产出蓝、红、紫红优质碧玺，尤其是乌拉山跟高加索山地区，多紫、红和蓝碧玺。非洲各国也盛产各种颜色美丽的碧玺，著名的有马达加斯加、坦桑尼亚、纳米比亚、津巴布韦、肯尼亚等国。我国新疆、云南等地也有碧玺产出。

四　碧玺与相似宝石的区别

与红色碧玺相似的宝石有红宝石、红色尖晶石、锂辉石、淡红色黄玉、红色绿柱石、淡紫色水晶等。与绿色碧玺相似的宝石有透辉石、祖母绿、绿色绿柱石。与蓝色电气石相似的宝石有蓝色尖晶石。碧玺与其区别是：碧玺的棱角处有明显双影，气液包裹体和裂隙较多，透明度好，二色性强，是碧玺鉴别的一个极其重要特征，其密度和折射率均有较大差异，双折射率大。鉴别它们的最可靠方法是测密度和折射率。

五　碧玺把玩件常见类型

碧玺把玩件是传统雕刻类别，目前由于大块的优质原材料稀缺，市场上手把件较为少见，现代多见者为牌片类挂佩件，手串珠链类，印章类，鼻烟壶及带钩以清朝时期多见，雕刻题材以十二生肖类，麒麟、貔貅、大象等瑞兽类，福禄寿、观音佛题材为主，此外各种诸如葫芦、灵芝类小件常见。总体看，雕工精美，饱满大方，宝石颜色鲜艳，质地均

把玩件把玩收藏知识百科

匀，缺陷少的优秀制品相对少见。

俏色红碧玺麒麟挂牌

浅色部分颜色偏淡，深色部分颜色偏暗

褐色粉红色碧玺昆虫手把件

巧雕合理

粉红色碧玺印章手把件

通体颜色均匀、透亮

红碧玺鼻烟壶

颜色正，亮丽，但有粒度感

六　碧玺把玩件的价值评估

碧玺把玩件的质量可从颜色、净度、透明度，重量，设计雕工几个方面进行：

1. 颜色

在单一的色种中，以大红、玫瑰红、绿色和天蓝色为最佳，粉红和黄色次之，无色最次；色彩越多越好（如双色碧玺，三色碧玺等）。好的绿色碧玺亮度越好，说明它所含的黄或棕色成分越低，在日光下的颜色就越好；红色碧玺所含橙色或棕色成分越少，在人工光源下，颜色更明显。如碧玺出现猫眼效应，其价值会有所增高，但主要仍决定于颜色及大小，评价关键在于颜色应鲜艳，透明度高。变色明显的碧玺很稀少，也成为收藏家的目标。

2. 重量

同等质量，重量越重，价格越高。

3. 净度

晶莹无瑕的碧玺价格最高，一般而言，碧玺把玩件含有较多裂隙和气液包裹体。没有裂纹是最好的，但碧玺没有裂纹是极为难得的，所以裂纹越少越好。

4. 透明度

碧玺要求晶莹剔透，越透明质量越好，价值越高。

5. 设计雕工

对于把玩件雕刻品因为碧玺的硬度很高，质地较脆，雕刻时很容易破裂，因此其加工雕刻技艺也是影响价值的重要因素。同一宝石类型，因雕刻技艺不同，价值相差甚远。抛光好，加工的精细程度越高，价值越高。

红碧玺金蟾
颜色与透明度俱佳粉

目前，碧玺中以帕拉依巴碧玺价位最高，此特殊霓红蓝绿色调宝石首度在 1989 年于巴西：Paraiba 州之小村落 Sao Jose de Batalha 发现，由于其挖掘不易，晶体不大，加上近年来矿权不清，纠

纷不断，价位一直居高不下，尤其在日本极受欢迎，高级碧玺零售价可达每克拉 10 万美金。最近在巴西距旧矿约 40 公里的北里奥格兰德之 Parelhas 发现新的帕拉依巴碧玺矿，因此在市场争相抢购下，价格再次飙升。在我国台湾的碧玺市场目前仍以红色和绿色（俗称的西瓜碧玺）最为畅销。其中奈及利亚出产的红碧玺为市场上的热卖货品；而坦桑尼亚的含铬绿碧玺，其鲜艳可比拟祖母绿，也颇受欢迎。

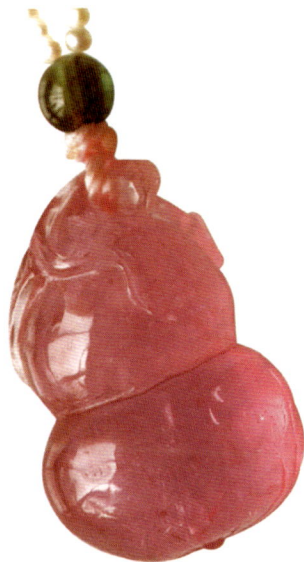

粉红色碧玺葫芦

在近几年举行的珠宝拍卖会上，除了翡翠、和田玉依然走高以外，碧玺则是宝石类的主角。而且上升趋势非常明显。目前在国内影响比较大的珠宝展会——香港、深圳、北京、上海国际珠宝展上，不断创造单件碧玺的价格新纪录。而在 2006 年欧洲国际珠宝展上，一些国际品牌如法国的 CLIO 等

展出的极品碧玺，当天几乎全部订出，被新闻界称之为"珠宝展的最大赢家"。在 2006 年 11 月的嘉德拍卖会上，一件难得一见的蓝碧玺云蝠纹坠露面，呈现浅天蓝色、晶莹剔透、光洁亮丽。该拍品上雕螭龙钮，其坠一侧雕蝙蝠、祥云、灵芝、小螭龙等物象，颇为清新可爱、令人爱不释手，估价为 1.5 万～ 2.5 万元，结果以 4.4 万元成交。而在香港佳士得拍卖会上，一件粉红色碧玺雕刻品，上刻黄色碧玺蝉、绿色翡翠猴，最终以 47.1 万港元成交。在 2010 年 6 月中国嘉德的一次拍卖会上，一件长 3.6 厘米、宽 2.5 厘米、高 4.5 厘米的天青碧玺螭钮印章，因采用天青色碧玺，所以色彩喜人，光亮润泽。巧雕双螭衔灵芝钮，双螭首尾相向，口衔灵芝，生动形象。印面呈椭圆形。该拍品更是以高出估价 10 倍左右的 17.6 万元成交。

据有关资料，最近几年的市场行情表明，国际市场上碧玺的原料价格一直在上涨，从 2004 年底到 2005 年底，一年多涨了差不多 12 倍。现在，与几年前相比，中高档碧玺的价格涨了近 80 倍，色好，特别是玫瑰红的优质碧玺价格更是上涨了近 100 倍，由此引发的碧玺精品的拍卖、收藏势头节节攀升。一位采矿业历史学家说："你挖得越深，开采出所需吨位的石料花费就越高，而宝石就越小，品质也越低。最后你终于挖到一个深度挖出来的东西不再有价值。"现在要找到 1 克拉高质量的碧玺，甚至要翻遍几十吨以上的矿石，足见其来之不易。特别是西瓜碧玺，基本处于断货、缺货阶段，由此，碧玺市场的潜力令人刮目相看。相信碧玺这一稀世珍宝将会被越来越多的人所了解和喜爱。

粉碧玺福禄万代坠
高 5.8 厘米

粉碧玺福寿坠
高 3 厘米

现在市场销售的单件碧玺价值高达几百万并非戏言。在 2010 年一年时间，高端碧玺终端市场的价格翻了两番。高品质的碧玺前些年仅几百元每克拉，而现在则攀升到千元以上甚至好几千元一克拉（帕拉依巴碧玺更高）。碧玺的热度惹得许多珠宝界人士纷纷开始加入经营碧玺的行列。

精美粉碧玺鱼

碧玺观音

七 碧玺把玩件的佩戴保养

佩戴碧玺把玩件时尽量不要做运动或粗重活，以免碰撞造成难以补救的损失。碧玺宝石的摩氏硬度虽然大，但脆性较大，如果遇到磕碰则有可能导致碧玺出现裂痕。长时间的佩戴碧玺，人体分泌的

碧玺龙

把玩件把玩收藏知识百科

油脂与汗渍会沾在上面，失去光亮，所以每月用清水浸泡数小时后用柔软的吸水布擦干即可。碧玺具有热电性，经过太阳照射或受热会产生静电而吸附一些微细的灰尘。因此，应注意经常用酒精等中性清洗液清洗宝石，以保持其光泽柔美。不要把碧玺把玩件与其它首饰放置于同一个首饰盒内，以免互相摩擦导致磨损，因为碧玺宝石的硬度相比其它宝石略高，会划伤和磨损其它硬度低的首饰，如玉器。而钻石饰品、红蓝宝石饰品的硬度比碧玺更碧玺观音高，反而会磨损碧玺，所以在保存碧玺首饰的时候最好单独存放。同时碧玺亦应避免过热，还有不要长时间用高温的水清洗碧玺，如果太热会让碧玺变色。

碧玺福禄寿

三、海蓝宝石把玩件鉴赏

　　海蓝宝石的英文名 Aquamarine。其中，"Aqua"是水的意思，"Marine"是海洋的意思，足见宝石的取名多贴切于它的颜色。海蓝宝石属于绿柱石矿物家族的一员，绿柱石是一种含铍、铝的硅酸盐，海蓝宝石的颜色为天蓝色至海蓝色或带绿的蓝色的绿柱石，它的颜色形成主要是由于含微量的二价铁离子（Fe^{2+}），以明洁无瑕、浓艳的艳蓝至淡海蓝宝石蓝色者为最佳。

海蓝宝石金蟾

一 海蓝宝石的历史与传说

海蓝宝石其珍贵程度虽远不及祖母绿珍贵，长期以来却一直受人们所喜爱。它被认为是幸福和永葆青春的标志，还认为它能给佩戴者以见识和使之具有先见之明，有人认为它有催眠的能力，认为一个人口含海蓝宝石，那么，他就能从地狱中招唤魔鬼，并能得到他要问的任何问题的答案，还有人认为它有辟邪的力量，使佩戴者能够战胜邪恶。航海家用它祈祷海神保佑航海安全，称其为"福神石"。除了保佑平安，海蓝宝石也堪称"爱情之石"。在古希腊神话中有一个叫做罗兰的风神，长相英俊但地位卑微，他爱上了一个凡间的女子，这为当时的神界所不许，为了忠于自己的爱情，他不惜付出生命。临死前，罗兰乞求爱神维纳斯将他的灵魂封存在海蓝宝石中作为三月诞生人的诞生石，保佑人们找到自己的爱情。因此地中海国家的人们都喜欢佩戴海蓝宝石，以便能让自己拥有甜蜜的爱情、维持婚姻的美满。有趣的是，在感情方面海蓝宝石还有另一种说法：佩戴它有利于婚外恋，能增加艳遇指数，听起来颇让一些人心动，不过灵验与否，就不得而知了。

二 海蓝宝石鉴定特征

1. 海蓝宝石基本特征

海蓝宝石矿物名称是绿柱石，属于绿柱石家族中的一员。分子式为 $Be_3Al_2Si_6O_{18}$，可含有 Fe 等元素。六方晶系。晶体单形为六方柱状，晶面常见纵纹。非均质体，一轴晶负光性，颜色绿蓝色至蓝绿色、浅蓝色，一般色调较浅。玻璃光泽。一组不完全解理。硬度 7～8。密度 2.72（+0.18，−0.05）克／立方厘米。折射率为 1.577～1.583（±0.017）。双折射率：0.005～0.009。放大镜下可见液体包体，气、液两相包体，三相包体，平行管状包体。特殊光学效应：猫眼效应、星光效应（稀少）。绿柱石家族的晶体特征和物理特征基本相同。所不同的是：由于绿柱石的成因和形成条件不同，使其中所含的致色离子不同而呈现出不同的颜色。

淡蓝色海蓝宝石晶体

淡蓝色海蓝宝石晶体

艳蓝色海蓝宝石晶体

2. 绿柱石宝石品种

◎ **祖母绿**：绿柱石含致色离子铬者，其颜色为翠绿色，为十分珍贵的祖母绿。

◎ **红色绿柱石**：由锰致色。

◎ **粉红色绿柱石**：或摩根石，

　　也叫铯绿柱石。由锰致色，主要呈橙红色、浅紫红色。因含少量 Cs，故名。其密度和折射率均偏高。英文 morganite，以著名金融家 J.Pierpont Morgan 的名字命名，以表彰他把举世无双的宝石赠给美国自然历史博物馆的贡献。他的藏品中有一些知名的最美的红色绿柱石 [一块取自二色海蓝宝石的重 58.79 克拉（1 克拉=0.2 克，后同）的心形宝石；一块中国式雕刻的约 35 英寸（约 88.9 厘米）高的雕件]。此外，洛杉矶自然历史博物馆藏品中有一块 220 克拉的铯绿柱石；美国宝石学院（GIA）收藏一块极其动人的祖母绿琢型的 29.15 克拉的铯绿柱石。2003 年初在图桑珠宝展上，产自马达加斯加 Ambatovita 地区的一种富铯绿柱石以其漂亮的深粉紫色和猫眼效应引起人们的注意。图桑珠宝展期间或以后，这种新的宝石材料以"红色绿柱石""粉色绿柱石""草莓红绿柱石"等出售。经检测发现它与绿柱石有不同的性质和很高的 Ce 含量。

◎ **金色绿柱石**：英文 Heliodor（希腊语"太阳"、"镀金"的意思），或称黄色绿柱石。由铁致色，呈橙黄色或金黄色。它没有特征吸收谱线，不具荧光性。

◎ **绿色绿柱石**：由钒和铁致色，黄绿色或蓝绿色，较祖母绿色浅。不含 Cr，不具祖母绿吸收光谱的特征。

红色绿柱石晶体

绿柱石祖母绿晶体

◎ **绿柱石猫眼**：可以在多种颜色的半透明绿柱石中出现，以海蓝宝石和铯绿柱石中更容易出现，但猫眼效应很弱，难与金绿猫眼相比。美国 Smithsonian 研究所有一块 7 克拉的有研究价值的猫眼祖母绿和一块漂亮的橙色猫眼绿柱石。洛杉矶自然历史博物馆收藏一块 211.5 克拉的金色猫眼绿柱石。

◎ **星光绿柱石**：偶尔在黄褐色到黑色绿柱石中可见到有较差星光，一般不用作佩戴宝石。洛杉矶自然历史博物馆收藏一块 11.19 克拉的星光绿柱石。

◎ **无色透明绿柱石**：英文为 goshenite，因发现于美国马萨诸塞州 Goshen 而得名，绿柱石祖母绿晶体很少被用作宝石（由于它折射率过低且色散较强）。

◎ **Maxixe 型绿柱石**：1917 年巴西 MinasGerais 州 Maxixe 矿发现的一种像蓝宝石蓝色一样的绿柱石。该颜色特殊，暴露在阳光下几小时就会褪色。不久该矿关闭。现在通过高能辐照可以产生这种类型绿柱石，但这种类型绿柱石的颜色不会持久。

三 海蓝宝石的成因与产地

海蓝宝石主要赋存于伟晶岩矿床-糖粒状钠长石化伟晶岩中，另外一类是云英岩型。高质量者主

海蓝宝石小把件

要来自于前种类型。世界上最著名的海蓝宝石产地在巴西的米纳斯吉拉斯州和马达加斯加；其次是俄罗斯、缅甸、美国等国家。我国新疆也出产优质的海蓝宝石，而且，还有金色绿柱石、粉色绿柱石及海蓝宝石猫眼产出。在河北康宝也发现了海蓝宝石。

（四）海蓝宝石与相似宝石的区别

与海蓝宝石相似的天然宝石有蓝色黄玉和改色锆石，人工合成宝石有蓝色尖晶石和人造玻璃。与黄玉、锆石的最佳区别方法是密度：黄玉 3.59 克/立方厘米，锆石 4.69 克/立方厘米，密度明显偏大，手掂有重感。放大镜下观察底刻面棱角处，锆石、黄玉均可显双影，海蓝宝石不十分清楚。锆石色散高。晶体形态：黄玉斜方柱状，锆石四方柱状。人造玻璃和人造蓝色尖晶石颜色虽然与其相似，但是都为均质体，无二色性，以此为区别。

（五）海蓝宝石把玩件的常见类型

海蓝宝石把玩件市场上偶尔可以见到手把件、手串珠链及小型摆件，牌片形的挂佩件相对少见，与首饰刻面类海蓝宝石对净度、透明度要求较高的标准相比，用于雕刻把玩件的海蓝宝石原料都不同程度的含有矿物包裹体，透明度相应降低，较大尺度的小型摆件及手把件可以更好地将海蓝宝石淡淡的海蓝色颜色凸显出来，而小尺度、厚度薄的牌片、挂佩件会使海蓝宝石的颜色发散，内部缺陷反而更

加清晰显露出来，达不到应有的效果。这是此类牌片类挂佩件较少的主要原因。

海蓝宝石福寿

海蓝宝石手串

蓝色布鞋带钩

海蓝宝石以颜色深，无瑕，重量大，透明度高的为佳品。海蓝宝石的评价依据因素是颜色、透明度和重量。颜色深，无瑕，重量大的为佳品。决定海蓝宝石价值的主要因素是大小和颜色。国际上，超过几十克拉的海蓝宝石并不少见，其中在巴西发现的世界最大的一块海蓝宝石晶体重达 243 磅（110.32 千克）。由于尺寸较大、质地纯净的海蓝宝石晶体比较容易得到，对其完美程度的要求也较高，那些有明显裂纹和肉眼可见包裹体的海蓝宝石均不用做宝石首饰。颜色上，呈深海水颜色的宝石，较浅海水颜色的宝石价值高。一般呈深海水蓝色的宝石较浅水蓝色的宝石价格高 30% ～ 50% 左右。

蓝色海蓝宝石小把件

天然海蓝宝石颜色一般较浅，最常见的是带绿的蓝色，色调很亮到中暗。但优质的海蓝宝石通常

是由经过绿色热处理驱走绿色成分获得的，这样其蓝色更纯正、动人。巴西的海蓝宝石，一般蓝中带绿，马达加斯加的海蓝宝石多呈暗蓝色，另外宝石的切工翻面的多少，抛光是否精细也对宝石的价值会有所影响。另外，宝石的切工、翻面的多少、抛光是否精细等对宝石的价格亦有微小的影响。对海蓝宝石而言，有瑕疵的部分往往在加工时都已切除，故而瑕疵的影响很小。另外，具有猫眼效应的海蓝宝石价值相对较高。近年来，西方市场上海蓝宝石价位一路攀高。1995 年巴西图桑的国际展销会上，8 厘米左右价位攀到 12000 美元。一块重达 480 千克，直径 48 厘米，长度 70 厘米的天然晶体海蓝宝石，产自我国新疆阿勒泰可可吐海。较之中国地矿博物馆重出一倍之多，较美国乔治亚州的规格大出二倍之多，世界之最毫不夸张。有人出价 300 万人民币欲取这世界之最的海蓝宝石，未果。2009 年，广州一家珠宝行曾公开拍卖了一枚约 114.5 克拉的海蓝宝石，起拍价就高达 50 万元。真正有收藏价值的海蓝宝石一般体积都较大，只有够大颗的才能展现海蓝宝石的色泽，才有较高的升值潜力。

对于金色、红色绿柱石，其价值高低主要取决于其颜色。颜色越鲜艳、越纯正，价值越高。近几年来，出现了一些克拉重量较大的绿柱石宝石，大者有 390 克拉之巨，售价可达每克拉 10000 美元，20 ～ 50 克拉左右的色泽较好的绿柱石宝石每克拉在 1500 ～ 5000 美元。著名产地有巴西、马达加斯加、俄罗斯、我国新疆阿尔泰和云南。绿柱石类宝石在国际市场上是比较受欢迎的中高档宝石，特别

是欧美国家，海蓝宝石比较流行。我国消费者对海蓝宝石需求的迫切程度远小于红、蓝宝石，甚至小于紫晶和石榴石。这可能是由于大多数海蓝宝石颜色较淡，而深色海蓝宝石很少且价格十分昂贵，再加上国人喜欢鲜艳、明快的颜色之故。艳绿柱石和金黄色绿柱石稀少，多是一经面世即被收藏者买走。无色绿柱石货源充足，价格较低，属低档货。

海蓝宝雕件太白出游

灰色海蓝宝石小把件

海蓝宝石佩戴保养时注意几点，海蓝宝石性较脆，怕高温，高温下易炸裂，遇火烤会褪色。佩戴时应避免撞击，远离火源。清洗时不要使用超声波清洗机。

天然海蓝宝石晶体一般比祖母绿大得多。

海蓝宝石晶体

四、刚玉黝帘石把玩件鉴赏

刚玉与黝帘石组合是近些年宝石市场的新品种。业内俗称"红绿宝石"，"二色宝"，或鸳鸯宝。

该宝石的外观特征主要是红色和绿色同时出现在一粒宝石上。有时还有黑色成分。绿色部分是黝帘石，红色部分为刚玉，而黑色的小点是黑电气石。"二色宝"属于一种含红刚玉（红宝石）斑晶的绿色黝帘石岩。红绿宝石的专业术语应该叫含红宝石斑晶黝帘石玉，为简化起见，以下称红绿宝石。

红刚玉黝帘石手把件金玉满堂
色正，艳丽，杂质少

一 刚玉黝帘石组分之刚玉

红宝石的英文名称是 ruby，来源于拉丁文"ruber"，意思是红色。在印度梵文中红宝石的意思就是宝石之王，象征着永不熄灭的圣火。有关红宝

石开采的最早记载可追溯到逾 2500 年前的斯里兰卡。红宝石以其晶莹剔透的美丽颜色，被古代人们蒙上神秘的超自然色彩，许多人认为这种色泽浓烈的红色石头蕴含着神秘的力量，视之为吉祥之物。在缅甸，人们珍视红宝石，不仅在于其颜色的鲜红亮丽，更相信它具有保佑人们不受伤害的神奇力量。昔日，传说缅甸武士自愿在身上割一小口，将一粒红宝石嵌入，认为这样就可达到刀枪不入的目的。传说法国 John 二世所戴的红宝石戒指是避邪的护身法宝，但该红宝石并未能使国王幸免失败的厄运。在 1356 年的一次战役中他被俘虏。几年之后，国王 John 被带到英国，人们把那枚红宝石戒指还给了他，使他又看到了那枚美丽无比但并没能保佑他的无价之宝。至于红宝石能治病的说法一直流传至今。甚至在最近一二百年，还有许多人相信红宝石和其它宝石有医疗作用。克什米尔医生用梵文描写了 13 世纪的医学，其中谈到红宝石能治疗

红刚玉黝帘石手把件郁金香

石一项特点。蒙速矿区所产，红宝石颜色呈暗红、褐红，中间呈不透明的乳白色、蓝色色调，通常它们都要经过热处理后，颜色变得较鲜艳，市场上有很多这样的红宝石，批量供应，同时也有一定数量的优质红宝石，颗粒大小达1克拉。

泰国红宝石

泰国也是红宝石的重要产出国。所产红宝石含Fe高，颜色较深，比较均匀，多呈暗红色-棕红色，透明度较低。日光下不具荧光效应，只是在光线直射的刻面较鲜艳，其它刻面则发黑。但是泰国红宝石也可以富有生动的红色，在强度上可与缅甸红宝

红刚玉黝帘石手把件吉祥富贵

媲美。泰国红宝石最大特点为内含物中几乎缺失丝状金红石包体，因此没有星光红宝石品种。泰国是世界上最重要的红宝石交易市场，全世界的红宝石大约有80%都要在流通的某个环节上通过泰国交易。最大的红宝石切磨工厂即在泰国的占他武里。

斯里兰卡红宝石

斯里兰卡红宝石的颜色稍浅，呈粉红色的居多，许多红宝石呈淡色调，不过与缅甸红宝石生动的桃红色相似。内部含大量的金红石、锆石包体。斯里兰卡红宝石以透明度高、颜色柔和而闻名于世。而且颗粒较大，其颜色多彩多姿，几乎包括从浅红-大红各种过渡色。另外其色带发育，金红石针细、长而且分布均匀。

越南红宝石

1992年，越南发现了新的红宝石矿山，所产出的红宝石与缅甸红宝石非常相似。一些新的越南红宝石与缅甸红宝石基本无法区分，因而受到专家的赞赏。颜色介于缅甸和泰国红宝石之间，总体颜色比缅甸红宝石深，而比泰国红宝石浅，表现为紫红色、浅紫色，裂隙发育。红宝石新矿山的地质环境很可能是产出缅甸矿床的相同地层的延伸。

阿富汗红宝石

阿富汗红宝石颜色与缅甸及越南红宝类似，具有非常强的粉红色彩。其最特殊之处，是含蓝色小点或色带分布在宝石中，有时这些蓝色区带有六方形状，而另外也可能是窄的带状形态，但都可分辨出红色与蓝色。阿富汗红宝石的固态内含物有很多种，最常见者为呈菱形解理的块状无色方解石。阿富汗红宝石也偶有凝析出的金红石丝状物，大多较短且似云雾状。然而大部分红宝石都缺乏完整丝状物，所以出现星光的机会较少。

肯尼亚和坦桑尼亚红宝石

在 20 世纪 60 年代被发现时，全世界为之震惊，因为它们的颜色可与世界最好的红宝石媲美。遗憾的是，从这些国家产出的红宝石大多都有不少包裹体，微小的瑕疵影响了透明度。颜色为红到紫红，较暗，具黄色色调。裂隙发育。非洲矿山红宝石透明度很少达到可磨刻的程度，不过，当切磨成弧面型时，可将它们美丽的色泽充分展示出来。净度高的顶级红宝石很少见到，偶然在市场上可见到一些来自阿富汗、巴基斯坦或独联体国家帕米尔山脉的顶级红宝石，这些地区的地形使得宝石的勘探极为困难。马达加斯加岛红宝石虽尚不具量化阶段，但就目前所发表的红宝石之质量而言，与传统非洲红宝相比较优质许多。类似尖晶石的红色，红中泛黄。

双鱼把玩件

中国红宝石

我国红宝石产地有七、八处之多，主要有青海、安徽、新疆、云南、黑龙江和青海等省、区。目前发现的红宝石总体来说，质量较差，无论是颜色、粒度，还是透明度。相比较而言，其中云南红宝石是中国近年来发现的最好的红宝石矿物，颜色有紫红色、玫瑰红色、浅红色，但是其裂隙较发育，因而影响其透明度。

含红刚玉斑晶的绿色黝帘石岩
红宝石晶形完美

3. 红宝石与相似宝石的区别

与红色石榴石的区别

石榴石为均质体，无多色性，而红宝石多色性明显，紫外灯下，红宝石有红色荧光，而石榴石表现为惰性，放大检查时，石榴石内部较洁净，红宝

石内气液包体和固态包体丰富。石榴石的吸收光谱有别于红宝石。

与红色尖晶石的区别

尖晶石为均质体无多色性，折射率比红宝石低，放大检查时尖晶石具串珠状排列的八面体负晶。

与红色碧玺的区别

电气石具有更明显的多色性，其颜色中更显出一份浓重的褐色调。折射率不同是区分它们的一种有效办法。

与红柱石的区别

红柱石具有肉眼可见的强多色性，颜色为褐黄绿、褐橙和褐红三种颜色，短波紫外光下红柱石具无至中等绿色、黄绿色荧光，而红宝石具无至中等红色荧光，红宝石在红区有明显的 Cr 吸收线。

与红色锆石

锆石的双折射率非常大，在 10 倍放大镜下观察，可以见棱线很明显的双影。

与合成红宝石

常见红宝石的合成方法有焰熔法、助熔剂法、水热法。焰熔法合成红宝石内部有大量的弧形生长纹；助熔剂法合成红宝石内部常有未熔的"助熔剂残余"固体包体；水热法合成红宝石内部有种晶片易观察到，还有特征的"钉"状流体包体。此外几乎所有合成红宝石都具有短波强于长波的紫外荧光。

与红色玻璃的区别

用红色玻璃仿红宝石是比较常见的一种。从颜色上分析红宝石是紫红色，颜色鲜艳但肉眼观察不刺眼，看上去很舒服。而红色玻璃是大红色，十分耀眼。在硬度和密度方面玻璃比红宝石低很多，玻璃表面常有划痕。玻璃密度小，手掂有轻感。

4. 优化处理

目前市面上的红宝石大都经过了热处理的方法，经过这样的处理后原本不透明并且色泽灰暗的红宝石变得透明、颜色鲜艳。这种方法处理后不再

红刚玉黝帘石手把件
长 7 厘米，宽 5 厘米，高 4.7 厘米

金蟾吐钱
红刚玉黝帘石手把件

发生改变，并且已被人们广泛接收，在国家标准中称作"优化"，在宝石命名时视为天然。而另外的处理方法如扩散法、染色法在命名时则需要注明"处理"。所谓扩散法是指用化学方法在颜色浅的红宝石表面渗入微米级的铬元素，使颜色加深，或者产生星光效果。染色法是指直接将红色染料浸入红宝石裂隙中，戴一段时间后，颜色会发生变化。

（二）刚玉黝帘石组分之黝帘石

相比于大名鼎鼎的红宝石，它的出现和应用仅是最近十余年的事情，红绿宝石的出现才使黝帘石声名鹊起。黝帘石英文名称 Zoisite，帘石族矿物，与斜黝帘石同质异象。化学式 $Ca_2Al_3[Si_2O_7][SiO_4]O(OH)$，晶体呈柱状（晶面有纵纹），常见棒状、粒状集合体。黝帘石的颜色有多种，呈现灰、绿、黄、褐以及红、蓝等色。半透明 - 不透明。玻璃光泽。多色性一般较弱，深色者多色性较强。色散 $0.006 \sim 0.013$。断口不平坦。硬度6。密度3.25 ～ 3.36克 / 立方厘米。黝帘石是由斯洛维尼亚科学家，Sigmund Zois VonEdelstein 男爵来命名的，1805年，矿物经销商西蒙先生在 Carinthia 地方 Saualpe 山脉发现了它，西蒙把这矿物带来给他，男爵了解到，这是未知名的矿物，确定石头类型之后，这种石头起初命名为 saualpite 黝帘石。黝帘石可产自多种岩石，包括变质岩，沉积岩以及花岗岩等，也可是热液蚀变作用下的产物。晶面上明显可见的平行线状条纹是黝帘石外形上重要特征。黝帘石具有多个变种，与红宝石共生的绿色黝帘石变种以及粉红色的

锰黝帘石等，这些变种大多以不透明块状的形态产出，因此都不大适合作为宝石饰品，仅有 20 世纪60 年代在坦桑尼亚发现的蓝到紫色的黝帘石透明晶体变种——称之为坦桑石 tanzanite，是黝帘石族矿物中价值最高也是最著名的宝石。

（三）刚玉黝帘石把玩件的常见类型

刚玉黝帘石把玩件是近年出现的新品种，材料实质上属于玉石的范畴。雕刻风格上主要仿传统题材，以手把件、珠链、手镯、小型摆件等多见，以貔貅、金蟾、鲇鱼、人物、花卉类多见。

红刚玉黝帘石龙手把件

红刚玉黝帘石鱼手把件

这类特殊的宝石组合类型的把玩件的价值评估首先涉及两种不同的宝石的评估，即红宝石的价值评估与黝帘石的价值评估。对于红宝石而言，红宝石的经济评价标准主要是依据：克拉重量（Carat）、颜色（Colour）、净度（Clarity）、切工或雕工（Cut）、和透明度（Transparency）几个方面。一般来说，颜色纯正、颗粒大、透明、无或极少包裹体与瑕疵、加工精细之红宝石为上等品。

红刚玉黝帘石手把件龙凤呈祥

红色刚玉中优质、高档的红宝石呈现透明状，具星光效应的红宝石呈半透明状，这种红宝石只有在极为理想的条件中才能生成，故自然界中产出极少，其价格比同样重量的钻石还高；而颜色不纯正、微透明或不透明、裂纹发育和瑕疵多的红刚玉，在自然界中的产出量则相对较龙凤呈祥多，按狭义概念的宝石：自然界中色泽艳丽、透明无瑕或少瑕、硬度大、化学性质稳定，或者是透明度稍差，但具特殊光学效应，粒度大于 3 毫米以上的单矿物晶体称为宝石这一定义看。显然，出现于黝帘石岩中的红刚玉不同于经典意义上的红宝石，它们中有的虽然也可以作为价格低廉的中、低档宝石，也可称之为红宝石，但大多数却达不到宝石的标准。也正是这一原因，达到半透、全透等级的红、绿宝石价格也十分昂贵。

1. 粒度

红宝石粒度越大，其价格越高。红宝石在同等品质的条件下，重量越大价格越高，尤其是 1 克拉以上的优质红宝石的价格更是以几何级数递增。自然界中产出的红宝石颗粒较小，在市场上较好的刻面红宝石的粒度一般为 3 毫米 ×4 毫米，4 毫米 ×6 毫米左右，甚至更小，超过 5 毫米 ×7 毫米重量在 1 克拉左右的几乎凤毛麟角。1 克拉以上红宝石的价值是依重量的平方向上增长，但如果宝石的重量超过 5 克拉以上，就要根据宝石的质量单独议价，大于 5 克拉的优质红宝石极为罕有。即使在缅甸当地，两三克拉以上品质好的红宝石已十分难求。红宝石重量若超过 10 克拉，而且质量又很好的话，价值可超过钻石，达到几百万美元。1992 年缅甸的拍卖会上，一颗 8 克拉重的红宝石拍卖了三十多万美元，这颗红宝石的质量并不是十分完美，只是这样的粒度很难得。所以，在评价红宝石、蓝宝石时，粒度的大小是很重要的。

2. 颜色

在红宝石或者说有色宝石的价值评估中，颜色往往是第一位、也是最感性的评价要素。但是要定量描述颜色的变化，却不是一件容易的事，因此在这方面的标准往往是模糊的，甚至有时会出现仁者见仁、智者见智的情形。对红宝石颜色的观察方法应该是在自然光下将宝石置于白色背景下从宝石台面进行观察。通常红宝石色彩越纯正、越浓艳，品质越高，价值也就越高。考虑可操作性，一些研究机构将红宝石颜色分五个级别，其中红宝石分为深红色、红色、中等红色、浅红色、淡红色五级；此外，美国宝石学院（GIA）提出的关于颜色分级的方案是较为可取的。根据颜色的浓淡，GIA 将宝石分为七级，从小到大，颜色由淡而浓。一般而言，宝石的颜色往往以五级为最佳浓度，价格也最好；而六、

七级的宝石，因颜色太深，价格反而会降低。一般颜色相差一级，而其它条件相同，宝石的价格可相差百分之几十到几倍以上。就红宝石而言，过去一般认为缅甸红宝石是最好的红宝石，"鸽血红"就是缅甸红宝石中的极品，价钱最高。目前的消费市场上，鸽血红品种几乎绝迹。在缅甸，一级红宝石称为阿尼姆（Anyum），二级称为阿尼基（Anygui），三级称为阿沙赫（Asah）。但实际上通常所见的缅甸红宝石，大多都达不到鸽血红的程度，往往只是大红、玫瑰红、淡红，因此缅甸红宝石实际上指的是一种红色较为纯正而不带褐色调的红宝石。红宝石的颜色有多种，最好的是较深的纯红色，其次为微带紫的红色，下面依次为较深的粉红色、紫红色，略带棕色的红色，其它如棕红色，发黑的红色、很浅的粉红色都是较差的红宝石。红、绿宝石中的红刚玉颜色极少有鲜艳红色，至多为中等红色、酱红色、淡红色。

红刚玉黝帘石富贵牡丹小摆件

红刚玉黝帘石手把件青蛙荷叶

红刚玉黝帘石锦上添花雕件

3. 净度

特别纯净、完美的红宝石非常少见。红宝石的另一鉴赏要点就是瑕疵。红宝石一般会有裂纹，没有一点裂纹及瑕疵的红宝石是极少见的，内部无瑕疵的红宝石非常稀有且价格昂贵。所谓"十红九裂"。但宝石的裂纹、包裹物等瑕疵只要太明显，就不会影响整体美观。红宝石中最常见的瑕疵是小的针状杂质，称为"丝状物"。因为每颗红宝石都是在自身独特的环境中形成的，每颗宝石均含有赋予其精确颜色的痕量矿物质组合以及独特的识别标记或杂质。在肉眼观察下，将红宝石的级别分成五级：极难见，肉眼下极难见宝石内部有内含物，仅偶尔可见细小的针状矿物，一般在亭部极难见的位置；难

见，肉眼下难见宝石内部有内含物，一般为无色或与宝石颜色相近的其它矿物，一般在台面边缘极难见或亭部难见的位置；可见，肉眼下可见宝石内部内含物，一般为较大的无色或与宝石颜色相近的其它矿物，一般在台面边缘难见或亭部可见的位置；易见，肉眼下易见宝石内部内含物，一般为较小的裂隙或者颜色与宝石不同的其它矿物，一般在台面可见或亭部易见的位置；极易见，肉眼下极易见宝石内部内含物，一般为大的裂隙或较大的其它矿物，出现在宝石内部各个位置。红、绿宝石中的红刚玉裂理发育，在净度上基本都属于上述分级的五级和四级，极少达到三级。

4. 星光效应

星光红宝石的欣赏及价值评定与一般刻面红宝石有一定差异，一般红宝石是以颜色、透明度、干净度及重量作为评定价值的重要因素，而星光红宝石是以其颜色及星光线的清晰度、星线的长短及重量来评定其价值，一般星光红宝石的透明度均是很低的，最好也只是半透明。在红绿宝石把玩件中，也存在发育星光效应的红刚玉。

◎ **黝帘石的经济评价：**对于黝帘石，要求颜色纯正，绿色越绿越好，越均匀越好，结晶颗粒越细越好，从而质地均匀，少黑色电气石等矿物杂质为佳，透明度越大越好。

5. 雕工

在红、绿宝石把玩件中，一般是以红刚玉材料为主体来设计雕琢把玩件，这是不言而喻的，虽然

红刚玉价值远远低于宝石级的红宝石，但红刚玉与黝帘石相比较，显然，两者合为一体时，其价值所在主要体现在红刚玉的价值。但正如人们所说的绿叶配红花，有时绿叶配得好，才相得益彰，红花的价值更能凸显。所以对红、绿宝石的雕工要具体分析。总的看，高质量的把玩件较少见，大部分所见红刚玉颜色粉红，裂理发育，透明度较差。

刚玉黝帘石手串
15 毫米

五　刚玉黝帘石把玩件佩戴保养

在宝石的世界中，红宝石则是彩色宝石之王，无可取代。鲜明的色彩、由里而外的浓郁热情，红色，象征了激情与美，代表的是热情与奔放，绿色象征着生命和希望，绿叶佩红花总是令人向往。

在运动或做粗重工作时，尽量不要佩戴红刚玉黝帘石把玩件，以免碰撞造成不可补救的损失。即使在日常佩戴中，也要小心避免磨损和突然打击，不然会损坏哪怕是最不易磨损的刚玉宝石。红刚玉沾上人体分泌的油脂和汗水，便会失去光亮。因此，如果经常佩戴，宜经常清洗。存放红刚玉黝帘石在盒子或软布中，使其不至于与其它首饰互相接触。大多数宝石比金、银或铂硬，如果不分开放置，可能会划伤其它首饰的表面。红刚玉黝帘石是稳定性较高的宝石，可用软布擦拭以去除灰尘和其它残留物。最简便的清洁方法是用软毛刷蘸性质温和的肥皂水清洗，这样可去除大部分灰尘并大大增加红刚玉的光辉。

一、水晶的历史和文化

一 水晶的历史和文化

水晶，冰清玉洁，晶莹剔透，有时又颜色美丽，包体奇幻诡异，很早以来就一直受到世界不同文明和文化的人们的喜爱。水晶的英文名称为 rock–crystal，是根据希腊文 Krystallos 演变而来的，其含义为"洁白的冰"，形象地刻画了水晶清亮、透彻的外观。

精品紫晶把玩件

紫色正浓，透亮

人类最早从何时起开始发现和使用水晶现在还无从考证，不过在北京周口店的猿人洞内发现了水晶砾石；距今 2.8

万年前的山西峙峪遗址出土了水晶石制成的小石刀。距今 6000 年前的河南新郑出土水晶刮削器和水晶饰品。在意大利古里马鲁提洞穴和日本绳文时代的新时期文化遗址也发现了由水晶石穿成的项链。这些发现至少说明水晶被人认识和利用的历史较于人类文字记载的历史更为久远。

精品紫晶佛

正紫，透亮

在中国的古代，水晶以其晶莹透明、温润素净而被人们视为圣洁之物。最古老的叫法是"水玉"，意谓似水之玉。战国时期的《山海经》中记载："堂庭之山多水玉"，东晋学者郭璞注释："水玉，水精也"。可见，水晶在古代也被称为"水

164

紫晶晶簇球

像一朵盛开的紫晶花

白水晶佛

白水晶佛含钛金，雕工精美

精"。在中国佛书中则称水晶为"水之精灵"，又称为"菩萨石"。目前已知最早的水晶制品出现在新石器时代的大汶口文化时期，江苏新沂花厅新石器时代遗址中出现了穿有水晶石的项链。到战国时期出现了由水晶制成的杯状器皿，其表面还进行了抛光处理。汉代出现水晶制作的璧和块。唐代宋代出现水晶的雕刻品，唐代诗人温庭筠有诗日"水玉簪头白角巾，瑶琴寂历佛轻尘。"说明水晶在当时已被人们在生活中作为首饰等装饰品使用。此后水晶制品无论是品种还是数量都逐渐增多，元代朝廷已开始设专门机构采集水晶，制作器物。明代《博物要览》中写道"凡用水晶器物，不可用热汤滚水注之，即粉裂如击破者。"说明古人对水晶的一些性

质已有相当的了解和认识。到了清代就已经非常流行了，制作也更加精美和考究。清代诗人杨公汉诗云"溪上玉楼楼上月，清光合在水晶宫。"表达了人们对水晶的喜爱和向往。在上层社会，水晶印玺和朝珠流行，不过因为其发现的数量很少，所以非常的昂贵，只有王公贵族才能拥有它，因此水晶在古代也是财富和地位的象征。

另外，在我国古代的《神农本草经》记载：白水晶"疗肺痿、下气、利小便、利五脏。"，紫水晶"定惊悸、安魂魄，填下焦，止消渴，除胃中之寒，散肿痛，令人悦泽。"李时珍的《本草纲目》中也说：水晶"辛寒无毒"，主治"惊悸心热"，能"安心明目、去赤眼，熨热肿。"这说明水晶早就被古人发现了它有一定的医疗保健作用，这也许也是现代水晶文化中关于水晶对人体的医疗保健作用和灵异作用最原始的发源处之一。

水晶壶

纯净，透亮，雕工精美。其中的黑色杂质
也可以理解成水晶壶中放入的茶团，徐徐下沉

古希腊人在奥林匹克山区发现这种清澈透明的
晶体时，他们认为这是冰根据上帝的旨意变来的，
称之为"洁白的冰"。古希腊哲学家亚里士多德也
提到过水晶，他认为水晶是经过很长时间演变来的，
是冰的化石，将水晶取名为"晶体"。欧洲人喜爱
水晶有着悠久的历史，这点从我们的古书中就可窥
见一斑：南宋学者范晔《后汉书·西域传》中称"大
秦国宫室皆以水精为柱。"《晋书》也说"大秦屋宇，
水晶为柱础。"而"大秦"就是指古代罗马帝国。
欧洲文艺复兴时期法国著名的小说家在他的成名作
《巨人传》中就描述了欧洲的一些圣殿内摆设有高
贵的水晶杯，水晶碗和水晶神瓶。阿拉伯人也喜欢
水晶，传世名著《一千零一夜》中记载的是在公元
纪年时由印度、波斯等地区流传到伊拉克、叙利亚
一带的民间故事，在白都伦公主的故事中就提到了
水晶和水晶宫殿。这无疑反映出该地区人们对水晶
的喜爱和崇拜。

现代水晶虽然由于产量大等原因已算不上是稀
世珍宝，但是它的纯净之美，色彩绚丽之美以及内
含物奇幻之美都深深吸引着全世界越来越多的人的
喜爱和追逐。在我国，水晶虽然没有玉那样有深厚
的文化底蕴，但是它璀璨的光芒，晶莹的体态，时
尚的款式还有不那么昂贵的身价却打动和吸引了更
多年轻人的心，拥有适合自己的水晶也成了许多时
尚一族追逐的目标。水晶把玩件更以其独特的魅力
吸引着越来越多水晶爱好者和藏家的目光，某些品
种更是受到热烈追捧，它们的价格更是日益高涨。

由多个水晶晶体组成 **水晶晶簇**

二、水晶的特性及其分类

水晶是自然界 3000 多种矿物中的一种，其矿
物名称为石英。透明的单晶石英在珠宝界被统称为

把玩件把玩收藏知识百科

紫晶双晶把玩件

水晶。水晶的化学成分是二氧化硅，可含有钛、铁、铝等元素。水晶为三方晶系的矿物，所以自然界里生长的水晶晶体常呈六方柱和菱面体的聚形，并且在柱状晶体的表面常有横向的晶面花纹和多边形蚀象。水晶除了用作宝石以外，还因其所具有的其他物理性质广泛地被应用于电子工业及其它领域。

一 水晶的基本性质

1. 硬度

水晶的硬度为7，这个硬度大于小刀，几乎所有的玉质把玩件的硬度都没有水晶的硬度高。这是水晶作为把玩件最突出的优点之一。同时，几乎所有与水晶相似的宝石或仿制品的硬度都低于天然水晶。所以水晶的这一特点也是它的鉴定特征之一。

水晶晶体

贝壳状断口

2. 解理

水晶无解理。所谓解理是指矿物被打击时，常沿一定方向有规则地裂开形成光滑平面的性质。根据解理的完全程度可以分为五类：极完全解理、完全解理、中等解理、不完全解理和无解理，水晶则属于无解理。这一性质说明水晶在受外力作用时比起解理发育的如萤石、黄玉等宝石而言是不容易沿某一特定方向裂开的。

3. 断口

水晶的断口呈贝壳状。断口也叫破口。它是指矿物被打击后产生不规则的破裂，破裂面凹凸不平称为断口。这种贝壳状的断口是水晶的鉴定特征之一。当然，需要注意的是常用于仿制水晶的玻璃也是贝壳状断口，所以这一特征只能作为辅助的鉴定证据采用。

含有美丽独包体的水晶晶体

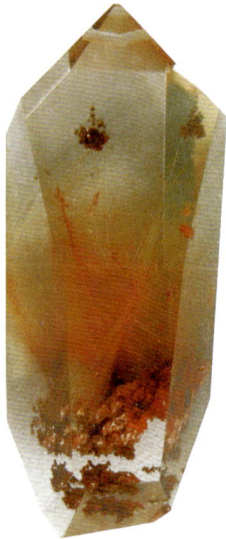

4. 密度

水晶的密度为 2.65 克／立方厘米左右。一般纯净的水晶密度是相当稳定的。但当水晶内部含大量包体时其密度会随包体的数量和种类的不同而发生变化。

5. 透明度

水晶通常是透明－半透明。矿物透光的程度叫透明度。纯净的水晶透明度非常高，这也是人们喜爱这种宝石的主要原因之一。同时水晶的透明度也是评价水晶把玩件时最重要的方面之一，因为天然水晶中常含有杂质和裂纹等可能会降低透明度的因素，透明度越高越能给人感觉冰莹透亮。

6. 光泽

水晶的原始晶面或是在抛光后的表面呈现玻璃光泽。光泽是指矿物表面对光的反射能力。这种光泽使水晶看起来非常的光亮。

7. 折射率

水晶的折射率为 1.544 ～ 1.553，双折射率为 0.009。几乎是自然矿物中最稳定的。折射率是指当光线由空气中透人宝石晶体，并产生折射现象，其入射角正弦与折射角的正弦之比值。由于水晶具有非常稳定的折射率值，所以这也是鉴定水晶最重要的数据之一。水晶为一轴晶正光性，具有特征的牛眼干涉图，这也是区分球状水晶和玻璃常用的方法。水晶把玩件常是弧形表面，一般点测的结果也是非常稳定的 1.54。

8. 压电性

所谓压电性是指晶体受到一定方向的压力时，两端出现数量相等而符号相反的电荷。产生压电性的原因在于，当晶体受压时，引起晶体内晶格变形，使总的电偶极矩发生改变而引起晶体表面带电。无色纯净的单晶水晶具有压电性，与人体摩擦可以产生微弱的电磁场，这种电磁场具有稳定情绪，促使人体能量集中，减轻病人痛苦和紧张，加快痊愈速度等功能。正因为水晶具有的这一特性，许多人相信：佩戴和把玩水晶对人的身体会产生良好的影响。如美国研究所中心推崇的"水晶疗法"就是将水晶按压在病人伤患处起辅助治疗作用。

发晶水晶球

9. 微量元素

从生物地球学观点来看，水晶同其它宝石一样，含有部分对人体有益的微量元素，如铁、铜、锰、钛、锌、镍、钴、硒等，水晶由于形成时受到地下放射性照射而保留有少量放射性元素（含量极微，不会对人体有害，反而类似放射疗法）这些微量元素通过与人体的经常摩擦而会沿毛孔汗腺等浸入到人体内而促进体内微量元素平衡，使身体各部分更加协调。同时由于纯净的水晶是无色的，而微量元素也是某些彩色水晶形成颜色的原因。

二 水晶的分类及其品种特征

水晶的品种分类最常见的方法是按其颜色的不同进行的。纯净的水晶是无色的，当含 Fe、Al 等微量元素时会形成不同类型的色心，产生不同的颜色。

（1）无色水晶

无色水晶是纯净的二氧化硅晶体，因其透明也被称为白水晶。内部可含丰富的包体，包括负晶、气液包体和各种矿物包体。

钛金佛把玩件

钛金宽、亮，雕工精美

水晶。也比较稀少。银发晶的发丝通常比较细密，大量出现。

◎ **聚宝盆水晶**：含有多种颜色的细粒状或絮状矿物包体的水晶。通常有代表土的黄色，代表金的白色，代表水的蓝色或玄色，代表木的绿色和代表火的红色。五颜六色的色彩在透明的水晶中折射出美丽的光芒，也是非常受欢迎的品种。

◎ **金字塔水晶**：水晶内涵絮状，雾状包体呈层状分布，像金字塔的造型而得名。常见矿物为绿色的绿泥石或红色的褐铁矿包体。也叫"步步高"。

◎ **彩虹水晶**：在水晶生长过程中，因为地壳的运动造成水晶晶体受外力产生次生裂隙的水晶，转动水晶时，因裂隙对光的干涉，衍射会形成五颜六色的晕彩。

红兔毛水晶佛
红色发晶非常细小，亮丽

◎ **水胆水晶**：因其内部含有水滴似动物胆囊而得名。指含有固态、液态和气态三相包体的水晶。一般晃动水晶可以看到液态的水在晶体内部随之流动。它是非常珍稀的水晶品种。

◎ **鬼影水晶**：一种在透明水晶中可见到呈层状的薄雾状灰白色的阴影的水晶，有些只有在紫外线下才会显现出来，因此得名。其实是因为水晶在生长过程中由于某种原因暂停了，少量的杂质落在晶体的表面，水晶继续生长后，留下薄雾状若隐若现的痕迹而造成的。

◎ **兔毛水晶**：其实就是发晶，只不过其内含的包体特别的细小，一般呈絮状、绒毛状，因此得名。与发晶一样有金色、红色、银色、绿色等。

◎ **风景水晶**：水晶中含有各种颜色和形态的包体，常出现山脉、树枝等造型，像自然的风景一样，因此得名。风景水晶也是最适合做把玩水晶的品种之一。

◎ **骨干水晶**：又叫鳄鱼皮水晶。不同时期的热矿液在同一水晶主体上的结晶叫"垒晶"，不同时期的结晶层层相连，块块相对，其表面看上去像鳄鱼皮。

对于白水晶把玩件来说，纯净往往不是第一要素，内含的包体才是最重要的，上述各类品种有时是重合的。还有一些白水晶在裂隙中自然充填进了杂质，或是在晶体的表面在自然的风化或搬运过程中沉淀附着了杂质，这些杂质主要是氧化铁，所以常呈现出红色或黄色、橙红色等，这些颜色透过无色水晶的反应，也会使水晶变得更加美丽。在雕刻作品中，这些颜色往往被作为巧色运用，使把玩件更加富有趣味和价值。

（2）紫晶

在有色的水晶中，紫水晶是最名贵的一个品种，有淡紫色、深紫色、紫红色、蓝紫色等；最高品质的紫晶为中度暗紫色，并带有明显的红色调，转动紫晶时会自内而外的闪出紫红色的光芒。天然紫晶常有颜色分布不均匀的现象，有时见平行的色带或斑马纹状色带。其中均匀的紫红色是最有价值的色彩。紫晶因含有微量的铁，经辐照后形成空穴色心而致色。色心不稳定，受热后易变成三价铁，所以紫晶受高温加热后，颜色易褪变成黄褐色。

紫晶茄子

（3）黄晶

金黄色、橙黄色、棕黄色、淡黄色等颜色的水晶统称为黄水晶。因含微量的铁而致色。天然的黄

水晶较稀少，市场上大部分的黄水晶都是热处理而成的，但是它的颜色是稳定的，而且这种热处理属于优化的方法，是被认可的。在水晶把玩件中，我们常可能看到有的水晶由于含有大量密集的黄色细小絮状包体而呈现出黄色，这类水晶不是真正的黄水晶，而应归为黄兔毛水晶，只有晶体本身的颜色为黄色的水晶才是黄水晶。

黄水晶茄子

（4）茶色水晶（烟晶）

茶色、黑褐色、褐色、烟色、褐灰色水晶统称为茶晶。因含微量的铝，辐照后产生空有色心而致色。天然茶晶的色调和深浅会有所不同，也会有颜色分布不均匀的现象。市场上也有经辐照改色的茶

晶，但其性质也是稳定的。茶晶热处理后可变成无色水晶。

是再生长的水晶。另当水晶含有大量纤维状的镁铁辉石时则呈现出深绿色，这种水晶不是真正的绿水晶，只有晶体本身的颜色为绿色时才是绿水晶。

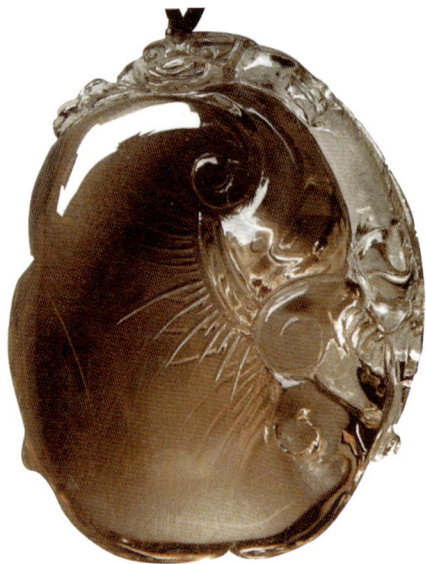

茶晶福寿如意

（5）墨晶

黑色不透明烟晶，墨晶是由于水晶内含极细微粒、分布均匀的碳元素所致，碳含量越高，颜色越黑。

（6）粉色水晶

也称芙蓉石，蔷薇水晶，皆因其美丽的粉红色得名。因含有微量的锰和钛而致色。粉色水晶遇高温颜色可能会变浅。粉晶常含有较多的"棉"或"绺"，当其内部含有细密的云雾状包体时，也被称为"冰粉"。

（7）绿色水晶

天然的绿色水晶非常稀少，市场几乎不可见。常见的主要是紫晶经热处理而得到的绿色水晶，或

粉水晶、紫水晶球

（8）紫黄晶

一块水晶上同时具有紫色和黄色两种颜色。也称双色水晶。天然的紫黄晶也很稀少，是由于水晶形成的双晶所致，紫色和黄色分别发育在不同的双晶面中。而市场上多数的紫黄晶是紫晶在热处理变黄晶的过程中形成的。

同一块水晶中既有紫色，又有黄色

紫黄晶貔貅

三、水晶的主要产地

水晶主要产于伟晶岩脉或晶洞中，几乎世界各地都有水晶矿的产出。其中巴西是最著名的水晶产地，水晶矿产资源十分丰富，而且品种繁多，其储量和产量约占世界水晶总量的90%。巴西高原蕴藏有许多含水晶石英脉型的硅质岩石，这与古生代及前寒武纪时期的地壳运动有关，富含饱和二氧化硅的热液侵入因地壳运动产生的裂隙或褶皱中后逐渐冷却结晶，形成水晶晶体。巴西水晶多数在地表浅处就可以开采到，开采成本比较低。由于水晶（石英）是无线通讯、声呐设备、飞行控制器等电子仪器中不可缺少的要素，在第二次世界大战期间，其盟国为了争夺这种战略物资，他们纷纷对巴西进行了大量的经济援助，大规模的勘探和开采水晶，从而使巴西成了世界上最大的水晶供应国。其中无色和粉色的水晶主要集中在米纳斯州和吉拉斯州及其邻区的花岗伟晶岩中。巴西最南端的南大河州及其以南的乌拉圭以盛产紫水晶而闻名于世，区内有专门开采水晶晶体的矿山，这类矿山在世界上是不多见的。目前市场上绝大多数的有色水晶，尤其是紫晶均来自巴西，不过乌拉圭、韩国、马达加斯加和赞比亚的紫晶颜色都很好，只可惜的是这些地方的

紫晶产量很小，有的甚至已经停产。其它比较重要的产地还有瑞士、西班牙、津巴布韦、美国等。

钛晶千手观音

世界最大的水晶产于马达加斯加，重187吨，现存马达加斯加博物馆。世界上质量最好透明无瑕

白水晶球

内部有裂纹和杂质

的大水晶重 107 磅（约 48.5 千克），现存美国华盛顿斯密斯博物馆。世界上最大的紫晶晶簇重 350 吨，世界最大的单晶水晶长 5.5 米，直径 2.5 米，重达 40 吨，均产于巴西，现存巴西博物馆。

　　我国也有许多地方如广西、湖南、海南、江苏、新疆、内蒙古、云南等地都出产水晶，其中江苏的东海县是我国重要的水晶产地，东海县位于江苏省北部连云港市境内，据说东海一半面积下都储有水晶，而且在地表浅层，容易开采，储量约 30 万吨，占全国水晶储量的 70% 以上，年产约 1000 吨。现存于中国地质博物馆的中国水晶大王重 3.5 吨，就是产于东海。每年还有来自巴西、南非、俄罗斯等国的大量水晶原料进入东海，东海也因此成为全国最大的水晶和水晶制品集散地和辐射中心。

四、水晶的晶语和寓意

　　在人类原始的宗教中，世间的万物中都有神灵的存在，而珠宝更是被赋予了神奇的功能，这使珠宝与宗教产生了千丝万缕的联系：一方面人们对珠宝产生了宗教性的理解，将珠宝视为神圣之物；另一方面宗教形成之后，也在利用珠宝，用珠宝来装点自己的宗教世界或在宗教活动中使用珠宝。例如，在佛教的般若经中，黄金、白银、玛瑙、珊瑚、琥

水晶、玛瑙球开口笑

珀、砗磲和琉璃被当成佛教七宝。虽然不同时期的佛教经书中记载的佛教七宝的种类不尽相同，但是都不外乎是一些珍贵的珠宝。

　　说到水晶的灵性和特殊的感应能力，就不能不提到在印度瑜伽及其他文化中都广为流传的七轮系统说。从事灵修及钻研东方神秘学、西方水晶学的人，在研究七轮学说后认为，依据人体七轮对应的颜色，可以利用各种颜色的水晶来治疗疾病，促进健康；利用水晶的震动频率来与身体的各个脉轮做能量的契合和补强。他们相信，水晶可以将更多的生命力传导到身体中，并将负面能量排出体外。在我国香港、澳门和台湾地区也相信水晶的灵性功能，并有一整套完整的解说，称为"晶语"。

　　在上述的宗教和信仰中奉行的有关水晶的理论和晶语，是否真有其科学的解释与佐证，我们不得而知，不过它作为一种水晶文化的重要组成部分，在我们收藏和欣赏水晶把玩件时适当地加以考虑和选择，还是很有必要的。以下就常见的水晶品种的水晶晶语和寓意做简要的介绍，它或可在我们欣赏和把玩水晶时带给我们更好的精神享受。

◎ **无色水晶**：所有能量的综合体，具有平衡的能量，适合学生，提高记忆力和理解力，帮助保持清醒的头脑。它更能使人心灵宁静，净化四周及人体自身负性能量，给人带来好运。白水晶是佛教七宝之一，可镇宅，辟邪，趋吉开运。

◎ **绿幽灵**：又称"鬼佬财神"，因其包体颜色与美金钞票的颜色相近而得名。人们认为它有招财和高度聚集财富的力量，所以深受生意人的喜爱，一般来说更加适合男士。绿幽灵所招之财为"正财"，包括所有的好运气、好机会、好朋友甚至是贵人帮忙等，表示是由我们努力工作所获得的正当报酬。对于新工作或者新事业，亦或者要常往外地工作的人，更适合不过。同时，绿幽灵还有强化心脏功能，平稳情绪的作用，适合高血压，心脏病患者。

白水晶印章

◎ **金发晶**：被认为是能量最强的一种水晶，乃开运水晶。人们认为金发晶具有极强的招财能力，不管是正财还是骗财。尤其对从事夜间工作或医院等杂气重的场所工作的人来说，金发晶不仅有很好的招财作用还有很好的辟邪化煞的功能。同时金发晶对肠胃等消化系统和呼吸系统较差的人以及睡眠不好的人都有很好的帮助。不过由于其能量太强，火气太旺的人和身体过于虚弱的人都不适合佩戴。

◎ **红发晶**：人们认为红发晶对女性生理极有好处，能改善内循环，调整女性荷尔蒙；红色代表着生命力，能使人保持充沛的活力和青春，增强自信和力量，消除消极情绪，同时还能化解是非。是一种非常适合女士的水晶。

精品金发晶钱袋
黄发晶透亮、色正，雕工好，寓意美

◎ **黑发晶**：人们认为黑发晶具有排除身上不良浊气的功效。另外黑发晶又被称为领袖石，可以增加个人的领袖魅力，加强自信，有助于事业的发展。

◎ **聚宝盆水晶**：具有多种颜色包体的聚宝盆水晶被认为具有极强的招财功能。

◎ **紫晶**：神秘、浪漫、高雅的颜色受到全世界人民的喜爱。在西方，人们认为紫晶具有解酒的功效。同时在宗教中具有重要的地位，因其代表高贵、典雅、庄重而备受推崇，被作为保持诚实与理性的象

征镶嵌在主教和神父们的戒指上。紫晶在西方国家也被称为"爱的守护石"，能守护爱情，赋予夫妻和情侣诚实和勇气。在中国，紫晶被认为具有镇定安神，改善睡眠质量的作用。人们认为紫晶还有开发智力，提高思考力和记忆力，同时还有增进人缘和异性缘的功能，所以紫晶也常被用来作为定情的信物。紫晶是二月的生辰石，也是结婚 17 周年的纪念宝石，还是生肖为鼠、蛇、狗的幸运宝石。

水晶聚宝盆
多个水晶晶体在孔洞内生长而成

◎ **黄水晶**：又称财富之石，具有极强的聚财功能，而且与紫晶不同的是主偏财和意外之财，如股票、彩票等。黄水晶是智慧与喜悦的象征，代表真诚和执著的爱，可以令人充满自信，能消除疲劳，具有良好的镇定和平稳情绪的作用。司机在阴雨天或夜间佩戴黄水晶，可提高对物体的能见度，增加安全系数。可强化肝及肠胃等消化器官，尤治胃寒。黄晶是十一月的生辰石，还是生肖为牛，虎，猴，猪

的幸运宝石。

◎ **茶晶**：促进再生能力的发达，促进伤口的愈合，所以适合受伤的病人佩戴。能使人体细胞活跃，减缓衰老，恢复青春的活力，是一种适合男人的宝石。能助事物分析及掌握能力，助品味的提升。

◎ **粉水晶**：可以舒缓心情，使人心胸宽广，对于改善人际关系有很好的作用，可增进人缘，并招生意缘，是开门做生意的服务业最佳利器。人们相信它可以开发心轮，是促进情感发达的宝石，可帮助人追求爱情，把握爱情。

◎ **紫黄晶**：象征着智力与财富。具备紫晶和黄晶的双重功效。更可以加强第六感,有化解小人的作用。

具有调和两种极端能量的功能，是最适合合作事业伙伴，亲子及夫妻情侣间沟通的宝石。

有关水晶的这些玄学与民俗，以及商业上推崇的水晶文化，有些人可能不会完全相信所谓的水晶

紫黄晶连年有余

铜发水晶貔貅

颜色靓丽，发晶浓密

灵性，不过这些在漫长的历史中形成的审美观念和文化依然会在人们心里产生潜移默化的影响。有许多的自然现象的确是处在人们科学认知的边界之外的，也有许多曾被认为是"迷信"的东西后来也被事实证明是有一定科学解释的，而人们追求幸福，祈愿平安和健康是最原始的本能，所以当你拥有一件水晶时，只要你的心中充满真善美，相信它，欣赏它，它就会带给你幸福和平安！

内雕仙女发晶

水晶背面雕刻美人

五、水晶把玩件类别及其鉴赏

近年来，高档水晶藏品很受欢迎，无论从审美的角度还是从升值的空间来看，高档水晶都具有很大的收藏价值。其中，水晶把玩件更是热门的收藏热点。水晶把玩件种类繁多，根据其不同的特性有多种分类的方法。例如可按水晶的颜色分类，也可按水晶是否含包体以及包体的种类进行分类。不过这些分类方法专业性比较强，为了便于广大藏友的理解，给大家介绍按形制分类的方法。

水晶把玩件按其形制可分为三大类，不同类别的水晶把玩件鉴赏的方法是不同的，以下分别介绍。

一 原石类

水晶是三方晶系的宝石，并且在形成条件适宜时可形成晶形完好，晶体巨大的个体。为了欣赏自然形成的美丽晶形，这类的水晶把玩件都会最大限度的保留其原始的形态，仅对晶体尖锐的部分或含有杂质的部分进行简单的加工，使其便于把玩。

原石类水晶把玩件的鉴赏主要看以下几个方面：一方面要求把玩件的晶形完好，棱角处进行了妥善处理，保证把玩时不会划伤手。另一方面要求晶体透明度好、杂质和裂纹要少。这类把玩件通常除了要欣赏自然的晶形，同时也要求具有很好的包体。或是包体的颜色丰富、色彩斑斓；或是包体的晶形完美、形态罕见；又或是包体的形态看起来像风景或事物。总之，这类把玩件的原料通常都是很完美的，不需要进行过多的加工，鉴赏的要点就是突出它的自然美，无论是它自然天成晶形还是形态各异的包体都是最重要的，要尽可能保持它们原有的状态。

发晶水晶晶体

二 珠串类

珠串类的水晶把玩件主要以佛珠类为主，手串类也是适合把玩的形制。由于水晶是佛家七宝之一，被认为具有神圣的力量，所以水晶制成的佛珠受到大家的喜爱。常见的水晶佛珠分以下三种类型：有54粒珠子的、18粒珠子的和108粒珠子的。108粒珠子的一般每隔27粒间一粒隔珠，人们将这类挂珠绕戴在手腕上。人们相信佛珠可以保佑平安，闲时把玩水晶佛珠也可修身养性，有益健康。

珠串类水晶把玩件要求珠子滚圆，大小一致，透明度好，杂质少，尽量不能有裂纹，有颜色的水晶还要颜色均匀，色调统一。佛珠类的最好选用纯色不含包体的水晶，仅是把玩的珠串则除了纯色水晶外多采用带包体的水晶，如发晶、兔毛、聚宝盆、绿幽灵等品种。

三 雕刻类

雕刻类水晶把玩件是最常见的形制，除了单色的水晶外，更多的是采用含包体的水晶，利用水晶与包体之间颜色、晶形等方面的反差进行雕刻。一般多采用传统的阳刻的方法，近年来也出现了大量的阴刻的作品，利用水晶透明度高的特点，结合水晶包体丰富，形态各异的特性雕刻出来的作品更加精美，令人爱不释手。

1. 雕刻题材水晶把玩件鉴赏分类

◎宗教类：最常见的当然是各种佛和观音的各种造型。也有法器、佛塔等其它与宗教有关的造型。在这类题材的鉴赏中，要特别注意佛像的面相是否平和慈祥，微带笑意；脸部不应有杂质。另外佛像的姿态，手中所持的物件等是否符合佛教中的讲究和意义也十分重要。

幽灵水晶菩萨
菩萨内雕

◎ **人物类：** 受玉雕文化的影响，水晶把玩件中人物题材多是历史人物或传说中的人物，也有仕女等其他题材。

◎ **动物、植物类：** 和其它玉雕一样，水晶把玩件中貔貅是最常见的题材，其它吉祥的动物如龙、马、猪、鼠、鸡等也比较常见。植物造型常见的也是有吉祥象征意义的百合、菊花、梅花等。这类题材一般都是取所雕造型的谐音，大多都是吉祥如意、平安、招财的寓意。

铜发晶金蟾
颜色亮丽，发晶浓顺，雕工精美

2. 雕刻技法水晶把玩件分类

◎ **素面型：** 即只是简单地把水晶打磨成浑圆弧面或刻面的造型，并不雕刻其它的造型。这种方式主要用于发晶等包体美丽的水晶，更加突出水晶中各种形态和颜色的包体的神奇魅力。水晶球一直被认为是具有神奇魔力的象征。在许多的宗教或文化中，水晶球常被用于催眠和占卜，比如在著名的《指环王》和《哈利·波特》中，水晶球都是重要的神奇道具，水晶球被认为是神灵和人类交流的工具，并且有预测未来通晓天下的魔力。大的水晶球常常是被放在家中用以镇宅的。而小型的水晶球就成了水晶爱好者把玩的最好选择。水晶球受到欢迎还有"有求必应"、"事事圆满"的好彩头。各种水晶都适合制成水晶球把玩。由于水晶性脆，所以加工的过程非常的困难，在磨圆的时候有易裂开的很大风险；同时一粒水晶球需消耗比它本身多4～6倍的原材料。所以一般水晶球的价格要比相同材质的其它造型要更加贵重。

芙蓉石球
内有天然裂纹

◎**阳雕型**：最常见的雕刻方法，基本与玉雕的形式一致。适合色彩美丽和包体丰富的水晶。各种造型具有很强的立体感，三维空间都可以欣赏到美丽的水晶。利用水晶的不同颜色及包体的不同颜色巧雕作品也是水晶把玩件中很值得玩味的形式。

◎**阴雕型**：透明宝石特有的一种雕刻方式。在水晶中，尤其适合无色透明度极好的水晶，阴刻的造型与水晶浑然天成一体，有的与包体相互呼应让人分不清哪是雕刻的哪是自然的，使人赞叹不已。稍有缺憾的是，这种方法雕刻的水晶把玩件只能从正面欣赏，反面是内凹的，不便于观赏。

知足常乐巧雕

紫水晶为蜘蛛

总之雕刻类水晶玩件的题材丰富多彩，造型电变化多端；同时水晶和其它品种的宝石不同，不同品种的水晶被赋予了各种不同的文化含义，比如某些颜色的水晶有招财的含义，不同的颜色所招财的类型也不一样；某些品种的水晶被认为可以改善人们身体的健康，而不同的水晶有分别针对某一类的疾病。再加上中国几千年的玉雕文化的沉淀，水晶的雕刻不仅形式和题材更加丰富，其文化内涵也更为讲究和深远，它使我们在把玩水晶时，享受到感官和精神的双重满足。在鉴赏雕刻类水晶把玩件时，除了水晶本身的材质之美和雕刻题材的不同意义

阴雕水晶

外，还有个很重要的方面就是雕工。水晶把玩件的雕工包括其雕刻的工艺还有整体的设计。水晶本身的硬度很高，而且脆性也较大（尤其是在受热后），水晶内部还常包含有各种各样的包体，这就给雕刻带来很大的困难，尤其一些内雕作品更需要极高超的技艺和丰富的经验；同时作品的设计也非常重要，如何最大限度地表现水晶的自然之美，如何最大限度地体现作品的文化内涵，如何最大限度的利用原材料甚至是变废为宝，这些都考验着设计者的功力和水平。一件好的雕刻类水晶把玩件一定是这两方面完美结合的产物，其价值也与这两方面紧密相关，缺一不可。仅是材质高档却是比较失败的雕工的话，肯定不能被玩家们认可，也一定不可能具有好的升值潜力。相反的，有时水晶原料可能很平常，但是成功的设计和雕琢很可能会使它焕发出动人的魅力，其价值和升值的潜力也会大大的提高。

四 用品类

水晶的利用在我国有悠久的历史，水晶制品除了作为珠宝使用外，还有一部分是有一定的使用功能的，这类的水晶制品其中的一部分演变成了把玩件。它们的使用功能逐渐退化，而渐渐变成人们把玩、欣赏的宠物。

1. 水晶鼻烟壶

鼻烟壶是中西文化融合的产物，明末清初，鼻烟传入中国，鼻烟盒渐渐东方化，产生了鼻烟壶。

然而随着时代的变迁鼻烟壶已不仅是一种实用的容器，更是人们玩赏和显示身份和品位的艺术品。水晶鼻烟壶更是其中之珍品。

水晶鼻烟壶分为三种：

◎ **素身型**：一般直接用整块的水晶掏空造型而成，主要突出表现水晶的纯净通透之美或材质之美。

◎ **雕刻型**：依据水晶的材料形状和大小，雕刻出图案和花纹在鼻烟壶的表面，使其更加富有艺术性。

水晶巧雕把玩件

◎ **内画型**：在水晶鼻烟壶的内部，通过特殊的技法画有各种艺术图案，使其成为一件艺术品。在这类水晶把玩件中，水晶鼻烟壶还有以下特点，其一，它常常是和中国画结合在一起的，更加具有艺术性；其二，鼻烟壶的盖子通常是用其它宝石制作的，这使它的价值更高；第三，鼻烟壶多在清代流行，因此现存的大量鼻烟壶都是具有一定文物价值的。

内部为黑色电气石发晶

水晶鼻烟壶

2. 水晶印章（印玺）

　　水晶在古代的产量很小，所以是只有达官显贵才能使用的珠宝，水晶印玺就是当时流行的一种形制，由于水晶的硬度很高，性脆，其实并不适合在其表面雕刻文字，所以这种形制发展到现代，水晶印章就变成了把玩件的形式，很少真正当成印章使用了。

烟晶，庄重美观

水晶印

3. 水晶容器类

　　有的水晶内部含有大量的杂质或者裂纹，不得不在加工时全部去除，这种水晶最适合制作成容器形的物件，在把玩件中常见的有：水晶烟缸，水晶笔筒，水晶碗、杯，水晶茶具，水晶烟斗等。这些水晶把玩件不仅造型优美，工艺精良，而且多数都可以具有一定的使用功能，把水晶融进生活中，使人们与水晶更加的亲近，更能时刻享受到水晶带来的快乐。

水晶壶

晶莹剔透，铜发晶好似飘逸的茶叶

　　用品类水晶把玩件因其特殊的形制受到许多人的喜爱，这类水晶通常不会是很高档的水晶原料制作的，因此作品的雕工就是我们鉴赏的重点，优美的造型线条、精致的工艺还有巧妙的设计都是体现其价值最重要的因素。

六、水晶的优化处理与合成水晶及其鉴别

天然水晶虽然在自然界的产量相对其它许多宝石来说是很大的，但是优质的水晶却不多，再加上水晶以它特有魅力吸引着全世界最广大消费者的喜爱，对优质水晶的需求远远大于它的产量，同时水晶不仅在珠宝界受到喜爱，在其它领域也有广泛的用途，所以水晶的优化处理以及合成水晶应运而生。优化水晶和合成水晶的出现满足了人们对优质水晶不断增长的需求，但同时也需要指出的是，相对于

红幽灵

天然的优质水晶，处理水晶和合成水晶的价值是有着明显差异的，所以在鉴赏和把玩水晶时，要学会如何对这些水晶进行区分。

（一）优化处理水晶

天然产出的水晶中，能都达到宝石级的是有限的，而当中能达到优质级的就更加少，对其中的一部分进行优化处理可以明显的改善水晶的品质，从而提高水晶的利用率，满足日益激增的需求。在经常采用的优化处理方法中，有一部分被广泛的接受，在我国的国家标准中规定可以在买卖中视同于天然，但也有一部分则必须在交易中明示。水晶的优化处理方法主要有热处理、辐照处理和染色处理。

1. 热处理

水晶的热处理主要是可以改变和改善水晶的颜色，这种方法处理的水晶已被广泛接受，在市场上买卖时可以不明示。

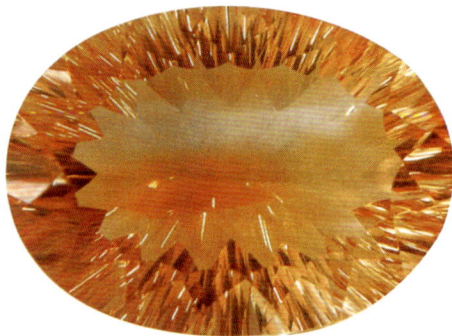

热处理黄水晶戒面

◎**紫晶→黄晶**：紫晶加热 350℃以上可以变成黄色

水晶。有时也可以得到同时具有两种颜色的紫黄晶。天然的紫黄晶只产在玻利维亚，而且很稀少，市场上大部分的紫黄晶都是经热处理后得到的颜色，但是处理后的紫黄晶尚无法与天然紫黄晶区别。

◎**紫晶→无色水晶**：紫晶加热600℃以上可以变成无色水晶。

◎**茶晶→无色水晶**：茶晶通常内部洁净，包体很少，加热后可得到纯净的无色水晶。

◎**紫晶→绿水晶**：某些含铝和铁的紫晶通过热处理可变成绿色。天然的绿水晶是在自然环境中受地壳中的自然辐射产生地。非常罕见。市场上几乎全部是经过人工处理的绿水晶。

◎**茶晶→黄水晶**：茶晶可以通过加热除去褐色调变成色彩鲜艳的黄水晶。

2. 辐照处理

无色的水晶经过辐照处理可以得到不同色调的茶晶、烟晶，乃至深棕色、黑色的水晶。辐照处理一般同时伴有热处理。这种处理同样是很难鉴别的。

3. 染色处理

把水晶加热后，快速冷却，在水晶中就会产生许多微裂隙，然后把这样的水晶放进燃料中浸泡就可以得到想要的颜色。染

色处理的水晶是很好鉴别的，在放大镜下可以明显地看到水晶内部的淬裂纹以及沿着这些淬裂纹富集的颜色。

现在发晶染色的现象也开始出现，一般是通过水晶内部本身所具有的针状包体为途径，使染料侵入，加深或改变发晶包体的颜色。放大检查可发现颜色富集在发晶包体的边沿，而不是发晶包体本身具有的颜色。

优化处理的水晶中染色处理的水晶是必须在市场买卖中明示的，不过由于染色水晶具有明显的特征，比较容易鉴别，所以并不会对广大水晶爱好者产生太大的困扰。

粉色在裂纹内

染色水晶

天然绿幽灵阴雕观音

还有一种情况是，经过淬火在无色水晶中产生较大的裂隙，然后在裂隙中注入油性物质，使水晶在光的作用下产生彩色反光，形成彩虹水晶。另一种情况是，利用水晶本身具有的裂隙或包体使用高压的方法，把水打到晶体内部，形成所谓的水胆水晶。这种人工水胆中的水通常比天然水胆中的水具有更好的流动性，水量也比较多，而且经过较长时间后水量会逐渐变小，甚至完全没有，这在天然水胆水晶里是不可能发生的情况。

二　合成水晶

合成水晶就是在实验室或工厂里，人为地模拟一个近似于天然水晶形成的环境和条件，从而生产出来的与天然水晶物化性质几乎完全一样的水晶。合成水晶早在 1905 年就已经出现了，至今，水晶的合成技术已经日趋完善，合成成本也逐渐减低，目前全世界每年至少有超过 20 吨的合成水晶进入珠宝市场。让人担忧的是，合成水晶的鉴别相对来说还是比较困难的事情，常规的检测手段往往不能全部有效地区分天然水晶和合成水晶，准确的鉴定合成水晶还需要借助大型仪器的帮助。对于非专业的水晶爱好者来说，这是鉴赏和收藏水晶最大的瓶颈所在。尽管如此，合成水晶还是在某些方面与天然水晶存在不同。

晶莹剔透，无杂质，颜色天然罕见

合成水晶

1. 颜色

天然水晶没有蓝色和黄绿二色。绿色也是极其稀少的。另外透明干净的粉红色水晶自然界也是不存在的。所以，当看到上述颜色的水晶时，通常情况下我们就可以直接判定不是天然水晶。另外合成的彩色水晶往往比天然的彩色水晶颜色更浓、更鲜艳、更纯净。所以看到颜色特别完美的水晶也要提高警惕。

2. 特征包体

天然水晶形成的环境是十分复杂的，常含有各种形态和颜色的矿物包体，所以如果在水晶中看到矿物包体则可判定其成因。合成水晶的生长环境是相对单纯的，所以内部一般是十分洁净的，特别干净的水晶往往应引起我们足够的注意。有时，为了使合成水晶看起来更像天然水晶，制造商会把合成水晶时产生的包体留存在水晶的成品中，迷惑消费者。不过以下合成水晶中的一些特征包体是天然水晶中没有的。

◎ **平行的管状两相包体：**这些包体常常是成群出现的，并且大致是平行排列的，头尾常常甚至是相当整齐的。这种包体往往是从种晶片上开始形成并向外生长的。

◎ **面包渣状包体：**白色、粉末状，像掉在透明桌面上的面包渣，放大足够倍数后可发现它是合成水晶时产生的微晶集合体。这是合成水晶最特征典型的包体。

◎ **籽晶板（片）：**合成水晶的最初生长都需要籽晶作为起始点，而籽晶通常是板状（片状）的，所以一旦在水晶中发现籽晶就可以立即判定其成因。不

过籽晶经常在加工的过程中被去除了。

天然的紫晶一般常发育聚片双晶，在正交偏光镜下常出现螺旋桨状的光轴图，合成水晶则很少出现这种情况，常见正常的牛眼状光轴图。

3. 红外光谱

在水晶中如果找不到上述特征，我们就需要借助大型仪器的帮忙了。

◎ **无色水晶：**天然水晶与合成水晶有微小的差别：天然水晶 $3595cm^{-1}$ 和 $3484cm^{-1}$ 为特征吸收，而合成水晶则是 $3585cm^{-1}$ 和 $5200cm^{-1}$ 吸收明显。

◎ **紫晶：**天然紫晶 $3545cm^{-1}$ 是较弱的，而合成紫晶具有较强的 $3545cm^{-1}$ 吸收。

总之，合成水晶的鉴别即使对专业人员来讲也不是一件十分容易的事，所以在看不到明显具有天然水晶特征的水晶时，大家都应该谨慎对待，最稳妥的办法是到专业机构进行鉴定，或者向商家索要正规的宝石鉴定证书。

具有典型天然特征的水晶

毛发和巧色自然过渡

七、水晶把玩件的保养

水晶把玩件与玉质或其它材质的把玩件不同，具有比较特殊的特点，所以水晶把玩件的保养和收藏主要是根据水晶的特点而来的。

天然发晶把玩件

①水晶的脆性较大，所以要防止和其它的宝石或硬物磕碰。把玩时要注意防止掉落，最好在下方放置软布垫子。存放时也要用软布包好放置在相对安稳的地方。

②水晶是单晶体宝石，绝大多数水晶都是透明的。不同于玉石是，水晶不需要人体分泌的油脂对它进行沁润，所以在把玩的时候为了避免油渍或手印留在晶体的表面，可以带上柔软的棉质手套。

③水晶把玩件的清洁：可以用微温的加入洗涤精的水进行清洗，然后用清水冲洗干净，对于雕刻部分不易被清洁的部位可以用牙刷轻轻清洗，最后用干净的不带绒毛的布擦拭干净。注意不要使用温度较高的热水，也不要使用含有氨成分的强力洗涤剂。

④不要把水晶放在阳光下暴晒，因为某些颜色的水晶其颜色并不稳定，长时间受热后可能导致其褪色或变色。

⑤避免让水晶接触化妆品、香水、洗发护发产品等化学品。水晶如含有裂纹或包体，则化学品可能会损害其品质。

⑥要经常检查把玩件上配饰的绳子是否有磨损或松散的情况，最好是定期进行检查和更换。

发晶招财进宝金蟾

红发晶佛

芙蓉石雕件

第七章

有机宝石把玩件

有机宝石主要包括珊瑚、象牙、琥珀、玳瑁、煤精。目前市场上常见的这类宝石的把玩件主要是珊瑚、琥珀、象牙，而玳瑁、煤精很少见到。本章主要介绍珊瑚、琥珀和象牙把玩件。珊瑚常见的把玩件主要是珠串最多，还有部分小的雕件。象牙主要有各种题材的雕件、毛笔、笔筒、梳子、珠串、印章、烟嘴、鼻烟壶、扇子、象牙镂空球。琥珀主要是珠串、人物、动物的雕刻件。这些人物以佛、观音、罗汉类人物居多。基本没有前面玉石的山子雕刻。

红珊瑚鼻烟壶

红珊瑚佛

雕工好，憨态可掬，颜色偏黄

红珊瑚百鸟朝凤

雕工精美，寓意美好

192

一、珊瑚把玩件鉴赏

一 珊瑚历史

我国是开发和使用珊瑚最早的国家之一，据考古研究得知在4000年前新石器时期，我们的祖先已懂得将珊瑚制成简单的小饰品来装扮自己。他们将珊瑚枝打磨、穿孔、连缀，或单独成件，或与其它美石相配在一起来装饰自己。除此之外用珊瑚材料做成的用器也屡见不鲜。唐朝是我国历史上的繁盛期，唐代才子薛逢曾专门赋诗吟咏："坐客争吟去碧诗，美人醉赠珊瑚钗。"盛赞唐代仕女们头戴珊瑚发钗风情万种的样子，可见唐代珊瑚饰物之盛行。除此之外，唐代有笔砚珊瑚架、珊瑚钩。珊瑚

是权力的象征，皇帝在祭祀时必须要佩戴珊瑚朝珠。珊瑚是身份和地位的象征。在清朝，二品以上的官员的冒顶和穿的朝服都带有珊瑚制成的饰品。

珊瑚是吉祥和财富的象征，历代帝王的王宫里都有用珊瑚雕刻的各种装饰品。明末严嵩的家产中，有珊瑚树六十多株；在和珅家产的清册中，也有珊瑚树十棵，高达三尺八寸。还有珊瑚数珠三百七十三盘、珊瑚帽项二百三十六个之多。可见古来富豪之家都有珊瑚，是一种财富的象征。慈禧一生不仅爱权而且爱美成癖，一生喜欢艳丽服饰，尤其偏爱红宝石、红珊瑚、翡翠等宝玉石材质的牡丹簪、蝴蝶簪。英国女王伊丽莎白二世的第一条项链是红珊瑚制成的。在法国，十八世纪曾经很流行红色珠串项链。现在法国卢浮宫亦珍藏许多珊瑚珍品。

我国蒙古、新疆、西藏一带少数民族的饰物，有很多珊瑚和绿松石、青金石饰物。但实际上优质珊瑚制品极少，好质量的仅限于宫廷皇室及贵族手中，一些流传在民间的珊瑚饰品多是中低档质量或者是经过染色处理的。

红珊瑚佛珠
颜色正，珠大

来自大海深处的珊瑚，独特的自然纹理和奇特造型，带给世界各地的人们无比的神秘感和奇妙的想象空间。珊瑚的形状似树枝，不透明或微透明，玻璃光泽－蜡状光泽，质地细腻。颜色有白色、奶油色、浅粉色、红色、深红色、橙色、金色和黑色，偶见蓝色和紫色。分别叫白珊瑚、红珊瑚、金珊瑚、黑珊瑚、蓝珊瑚。以红色为上品，红珊瑚红艳如火，古代称"火树"。

根据珊瑚的组成成分，珊瑚分为钙质型珊瑚、角质型珊瑚和石灰岩质珊瑚。钙质型珊瑚主要由碳酸钙、有机成分、水等组成。白珊瑚、红珊瑚为钙质型珊瑚，黑珊瑚和金珊瑚几乎全部由有机质组成，很少或不含碳酸钙。石灰岩质珊瑚主要由碳酸盐类组成。钙质珊瑚的折射率是 1.658～1.486，密度通常为 2.65 克／立方厘米。性脆易断裂。角质型珊瑚的折射率是 1.56，密度是 1.30～1.50 克／立方厘米。石灰岩质珊瑚的折射率和密度同钙质型珊瑚相同。钙质型珊瑚在纵切面上表现为颜色和透明度稍有变化的平行波状条纹。在珊瑚枝体上往往还有一些小的虫穴，这一特征也是珊瑚有别于其它宝石的特点。黑珊瑚和金珊瑚的横截面为同心环状结构，与树木年轮相似，纵面表层具有独特的小丘疹状外观，金珊瑚有独特的丝绢光泽。石灰岩质珊瑚石性大，听声脆响，光泽为玻璃光泽，外观呆板不温润。红色、粉红色、橙红色珊瑚是首饰或收藏中价格昂贵的宝石，其次是黑珊瑚和金珊瑚。其它品

种的珊瑚价格低廉。红色是由于珊瑚在生长过程中吸收海水中 1% 左右的氧化铁而形成的，黑色是由于含有有机质。珊瑚性脆，遇盐酸强烈起泡，无荧光。

红珊瑚树

阿卡红，有珊瑚虫眼

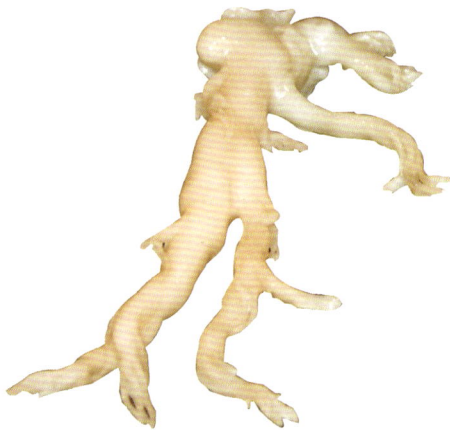

白珊瑚睡美人

色美，利用珊瑚枝自然雕刻

粉红珊瑚鸳鸯把件

粉的美丽，雕的美丽

世界上珊瑚有很多种，用做珠宝的珊瑚大多是红色、桃红色，少量为黑色、金色、蓝色和白色。过去认为，世界上最有价值的宝石珊瑚来源于日本和我国台湾，习惯被称为阿卡红珊瑚，还有一部分来自意大利沙丁亚海域，被称为沙丁红珊瑚。深海红珊瑚主要分布在三个地方：一个是我国台湾海域、日本南部岛；另一个是大西洋沿海的红珊瑚，主要来至爱尔兰南部、法国比斯开湾、西班牙加纳利群岛、葡萄牙的马德拉群岛；还有一个就是地中海沿岸，以意大利半岛南部海域为主，阿尔及利亚和突尼斯等国。其中阿尔及利亚、突尼斯及西班牙沿海是世界上最优质红珊瑚的产区。黑色和蓝色珊瑚可来自大西洋地中海海域，如喀麦隆沿海。白珊瑚在我国南海海域西沙群岛及台湾海域有出产。上述三个地区都是世界上火山活动频繁的地区，其中当然也包括附近海底的火山活动。海底火山的每一次活动都有大量的地下物质喷发到地上或海底，这些物质中含有大量的铁、锰、镁等常量元素，这就为海水中的红珊瑚的形成提供了极其重要的物质供给。珊瑚所需要的"营养"就来源于这些火山物。珊瑚虫骨骼在钙化和受压过程中，大量吸附铁、锰、镁等红色元素，最终经过大自然的洗礼，形成了我们见到的十分名贵的红珊瑚。

红珊瑚小雕件

有中国传统童子、灵芝、钱串、猪，寓意美好

把玩件把玩收藏知识百科

三　珊瑚种类与鉴别

1. 珊瑚的种类

　　珊瑚类型从生物学的角度讲种类繁多，这里不进行分类叙述。我们从宝石学的角度讲，珊瑚分为造礁珊瑚和宝石珊瑚。造礁珊瑚，生长在浅海，具观赏价值，材质酥松易碎，生长较快，种类多，分布广，不属于我们宝石研究的范围。能作为宝石的珊瑚，生长在深海，材质较坚硬，生长缓慢，种类少，分布少。按照颜色，珊瑚有红色、粉色、白色、蓝色、黑色、金色等多种颜色。根据材质

分为钙质型珊瑚、角质型珊瑚和石灰岩质珊瑚。钙质型珊瑚有红珊瑚、白珊瑚和粉珊瑚，海竹珊瑚等。角质型珊瑚几乎全部由有机质组成，常见的品种有黑珊瑚和金珊瑚。市场上还有一种是石灰岩质珊瑚，主要有海绵蓝珊瑚和海绵红珊瑚等。

（1）红珊瑚

　　红珊瑚又称贵珊瑚，是一种低等腔肠动物珊瑚虫分泌出的钙质壳体堆积而成。矿物成分主要为方解石。大多生长在深海，数量很稀少。就像深山幽境的灵芝一样，采集不易。红珊瑚属于八射珊瑚，其骨骼呈树枝状复体。每个分枝中心都有一根角质的骨骼中轴，软体包围在骨骼外面，许多珊瑚虫围绕着轴生长。红珊瑚通过外胚层分泌骨骼——红珊

白珊瑚观音洁白高雅、红珊瑚寿星雕刻夸张、MOMO 红鼻烟壶

196

瑚。红珊瑚质地细致，色泽鲜艳，纹理细密。浅红到暗红或橙红色，也有肉红色。不透明 – 微透明，大多呈树枝状，蜡状至玻璃光泽。硬度为 3 ～ 4，化学成分为碳酸钙 90% ～ 95%，碳酸镁 3% 有机质 1% ～ 4% 还有微量的铁、铝等。主要产于水温 13 摄氏度左右、海水清澈和比较平静的海域。产地主要分布于太平洋海域，地理区域大致从爱尔兰南面经比斯开湾，至马德拉群岛、加那利群岛和佛得角群岛，再沿地中海、红海、毛里求斯、马来西亚、澎湖列岛至日本海域，其中最佳的红珊瑚来至阿尔及利亚和突尼斯、西班牙沿海、我国台湾基隆和澎湖列岛、意大利及法国的比斯开湾等地，欧洲南部及法国也有较好的红珊瑚。桃色珊瑚分布于两太平洋，我国台湾海域，日本海域。红珊瑚在 100 ～ 300 米的海床上以群体产出。红珊瑚主要用于首饰制品和工艺艺术品。大者用于雕刻人物、花鸟等工艺品。好质量的小一点的制成项链、戒指、胸坠或别针等。目前我国市场上所见红珊瑚，主要来自日本、我国台湾，货源紧缺，价格昂贵。其中质地细腻、颜色鲜艳透亮、块大、造型和雕工好者为上品，具有收藏价值。实际上地中海海域发现的红珊瑚相对小些，很少超过拇指粗细的。

（2）白珊瑚

颜色分白、灰白、乳白、瓷白，颜色顶级白色呈现雪花白，因海域污染，数量已越来越稀少。主要矿物成分为文石。主要用于盆景工艺或染色原料。主要分布在中国南海海域、西沙群岛、菲律宾海域等。白珊瑚盛产于 100 ～ 200 米的海床上。

红珊瑚鼻烟壶
颜色亮丽，雕工精美

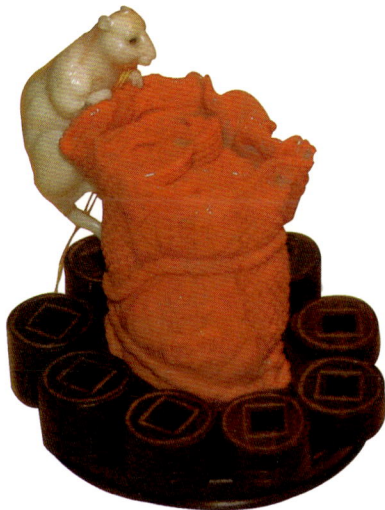

钱数（鼠）不尽
MOMO 红珊瑚钱袋，白珊瑚小老鼠

（3）金珊瑚

金珊瑚又名金海树，金黄色、黄褐色。表面有独特的丘疹状外观，有的表面光滑，在强的斜照光下可显示晕彩（或光彩）。分布于西太平洋、夏威夷、加勒比海海域。

（4）黑珊瑚

黑珊瑚是夏威夷州宝石，分布于西太平洋、夏威夷、加勒比海海域，阿拉伯贵族均采用黑珊瑚作为念珠。灰黑一黑色，褐黑色，不透明。产于红海中部、澳大利亚、我国南海。黑珊瑚又叫海柳，因其长成树枝状，枝条纤美，质地柔韧，外形类似于陆地上的柳树，故叫海柳。以吸盘与海底石头相粘，采集很困难。黑珊瑚虽形似树木，经海洋科学研究海柳实属属于腔肠动物类，系珊瑚科的一种。海柳通常生长在深海岩石上，身高者达 3 ～ 4 米。海柳中的一种赤柳，颜色鲜艳悦目，初出水面时，枝头上的小叶闪闪发光，树枝富有弹性，离水一段时间

金珊瑚手串

后，枝干就变得十分坚硬。由于海柳出水时身上附有红、白、黄色的水鬼体，干后能变为黑铁色，所以又被称为海铁树。更有趣的是，每当天快要下雨时，其表面颜色会变得暗淡无光，并分泌出微量的黏液，故有"小气象台"之称。海柳质地坚韧，富有光泽，是加工工艺艺术品的珍贵材料，海柳浑身是宝，用途广泛。利用海柳奇特的形态、漂亮的色

黑珊瑚烟嘴

泽、细腻的材质等特点，经过取材、剪枝、锯、打坯、钻、雕、抛光等工序进行精心加工，可雕塑出各种精美绝伦的烟嘴、烟斗、摆件、手镯、茶杯、戒指、佛珠等艺术珍品。根据其材料的特性雕上花鸟鱼虫、飞禽走兽、人物形象等不同图案则呈现出栩栩如生、惟妙惟肖的作品。古时曾是帝王将相的高贵玩物。黑珊瑚可以漂白处理成金黄色，冒充天然的金黄色珊瑚。

（5）海竹珊瑚

海竹珊瑚有的也称为象牙珊瑚，以有竹节状为特征，通常为白色、土黄色等，树枝状。沿树枝常有纵向纹理，横截面有同心环和放射状纹理，分布于西太平洋海域。市场上销售通常都进行染色，多为红色，仅附着在表面，切磨后露出本色。

（6）海绵蓝珊瑚

浅蓝、蓝色，其实是一种海绵珊瑚，简称蓝珊瑚。有较多的孔隙，常呈树状、簇状，作为首饰常需充填处理。主要分布在太平洋海域。

海绵蓝珊瑚手链

（7）海绵珊瑚

海绵珊瑚又称软柳珊瑚，商家也叫草珊瑚，是红珊瑚的近亲，也属八射珊瑚。软体结构和红珊瑚基本相同，也有角质骨骼。颜色多种多样，有深红、赭红、桃红、肉红、粉红、橘黄、乳黄、乳白等。有明显的毛细孔，表面有不规则的纹路。生长于 100～300 米深、以至 1500 米深的海床，有的可达 4000 米深。在世界范围内的热带、亚热带浅海广泛分布。产地有日本海域、菲律宾海域、我国南海海域等。一般都经过上胶处理。一部分不上胶的海绵珊瑚直接打磨成球形成磨砂状。

海绵珊瑚手串

此外珊瑚也可以根据产地进行分类，如：地中海珊瑚、日本珊瑚、喀麦隆珊瑚、我国海南珊瑚、我国台湾珊瑚等，相同品种的珊瑚质量与产地关系相差不大。

还有一种化石珊瑚是指各种珊瑚化石。这种珊瑚除具古生物学意义外，主要是选用其优美的花纹

把玩件把玩收藏知识百科

可做工艺品。

近年来，由于红珊瑚饰品在收藏市场上不断走红，市场上也出现了一些用其它材质冒充珊瑚饰品的现象，如用低档海绵珊瑚、海竹珊瑚仿制高档的红色贵珊瑚，用粗劣的染色大理岩、粉红色玻璃、粉色塑料冒充，还有的就是用人造材料合成珊瑚等，这无疑应引起收藏及投资者的警惕。购买者最好在购买前要多学习一些珊瑚方面的知识。只有理论知识还远远不够，要到市场上多看看，多实践，这样才能保证买到物有所值的红珊瑚。

2. 珊瑚的鉴别

对于红珊瑚的原料或原石来说，鉴定是比较容易的。红珊瑚特有的树枝状形态和条带状纹理是其

红珊瑚老寿星

它宝玉石所没有的。加工成项链、戒指等成品较难鉴别。要掌握以下鉴定方法：

肉眼识别方法，一般来说，无论何种宝石首先用眼睛看一下宝石的外观特征，如颜色、形状、光泽、透明度、结构，对宝石有了初步的圈定，然后再用仪器进行其它方法的测试。珊瑚多见的颜色是红色、粉红色、在纵面上有颜色深浅不同的波状细密的纵向纹理，这些细密的纹理肉眼观察不清晰，而海竹珊瑚的纹理非常明显。红珊瑚的颜色均匀，在珊瑚物件上可见到虫洞。黑珊瑚、金珊瑚横截面显示环绕原生枝管轴的同心环状结构，与树木年轮相似。纵面表层具有独特的小丘疹状外观。最后测试一下密度，如果是红色珊瑚其密度是 2.60～2.70克／立方厘米的范围内，折射率是 1.65。如果是黑珊瑚和金珊瑚密度是 1.30～1.50 克／立方厘米的范围内，折射率是 1.56。但强调一点，珊瑚最好不要测折射率，以免棕色的折射油污染珍贵的珊瑚。

3. 红珊瑚与相似品、仿制品的鉴别

与天然珊瑚相似的品种还有一些仿制品和经过优化处理的珊瑚、合成珊瑚。与珊瑚相似的宝石有染色的大理岩、染色的骨制品、染色贝壳、海螺珍珠、吉尔森珊瑚、粉红色的玻璃及塑料。

红珊瑚与染色大理岩的鉴别

染色大理岩具有粒状结构，颜色分布在颗粒的缝隙中，不具有珊瑚的结构特征。如果滴盐酸染色大理岩与盐酸反应有红色的泡，而天然珊瑚为白色泡。一般这种破坏性的试验不做。主要是从其横切

面和纵面的结构特点来鉴定，如天然珊瑚具放射状、同心圆状结构，平行波状条纹和小丘疹状外观。折射率 1.48 ～ 1.65，密度 2.70 克 / 立方厘米，硬度 3。

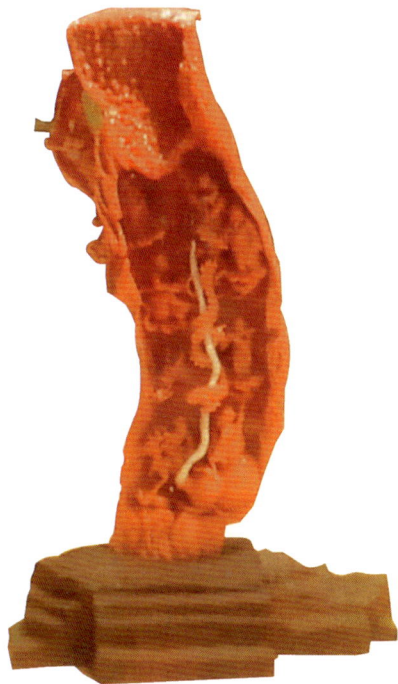

红珊瑚八仙

红珊瑚与染色骨制品的鉴别

染色骨制品，常见是用牛骨、驼骨、象骨等动物骨头染色或涂层后仿制的珊瑚。可用以下方法进行区分。横切面上观察，珊瑚具有放射状、同心圆状结构，骨制品则具有圆孔状结构。纵切面，珊瑚是连续的波纹状纹理，骨制品是断续的平直纹理。此外珊瑚具有白心、白斑、虫穴的特点。珊瑚的颜色为天然色，内外一致，而且透明的红色。骨制品

的颜色表面深，内部浅，颜色显得呆板，并且会掉色。不透明。折射率 1.54，密度 1.70 ～ 1.95 克 / 立方厘米。尤其在饰品的钻孔处观察，孔是白色的。珊瑚能与稀酸反应，骨制品不与酸反应。骨制品性韧，骨制品的断口是参差不齐的锯齿状。珊瑚的断口较平坦。

红珊瑚花小雕件

雕工精美，形态逼真

红珊瑚与红玻璃的鉴别

玻璃仿珊瑚具有明显的玻璃光泽，放大观察内部还有气泡、旋涡纹，贝壳状断口，硬度大，不与酸反应。没有珊瑚的特征的结构。折射率 1.635，密度 3.69 克 / 立方厘米。

红珊瑚与红塑料的鉴别

塑料仿珊瑚表面不平整，硬度低，密度只有

1.05 ～ 1.55 克／立方厘米，折射率 1.49 ～ 1.67。不与酸反应，放大观察有气泡、旋涡纹，表面常留下模具的痕迹。用热针扎具有辛辣味。塑料制品染色成红珊瑚。重量轻，易褪色，无自然纹理与光泽。

天然红珊瑚佛

有纵向珊瑚纹

红珊瑚佛

上下颜色有明显变化，底部有珊瑚虫孔

红珊瑚与贝壳的鉴别

染色贝壳常用来仿制粉红色的珊瑚。贝壳具有珍珠光泽，层状构造，染色后颜色聚集在层间，贝壳具有晕彩。折射率 1.486 ～ 1.658，密度 2.85 克／立方厘米。

红珊瑚与海螺珍珠的鉴别

海螺珍珠的颜色和外观与珊瑚很相似，放大观察海螺珍珠具有火焰状图案，而且有明显的粉红色和白色成层状分布。密度 2.85 克／立方厘米，比珊瑚要大。

天然红珊瑚龙

阿卡红，质地好，雕工好，属于红珊瑚精品

红珊瑚与吉尔森珊瑚的鉴别

市场上的"吉尔森珊瑚"（Gilson imi-tation coral）是用方解石粉末加上少量染料在高温、高压下粘制而成的一种材料。外观和天然珊瑚非常相似，颜色分布非常均匀，放大镜下无条带状和同心圆状构造，只有微细粒结构。密度只有 2.45 克／立方厘米。

红珊瑚和与染色珊瑚的鉴别

由于红珊瑚的价值高，市场上有大量染色的红珊瑚来冒充天然红珊瑚。染色的珊瑚与天然的珊瑚在结构上和密度等一系列性质上是完全一致的，对消费者来说是一个难题，一定要注意区分染色珊瑚。具体鉴别方法是：染色红珊瑚的颜色过于浓艳，颜色分布不均匀，表里不一，颜色外深内浅，染料集中在裂隙和孔洞中。用蘸有丙酮的棉签擦拭，若棉签被染色，即可确定为染色珊瑚。

红珊瑚与海竹的区别

目前市场上大部分染色珊瑚都为海竹染色的，有各种红颜色、黄色、橙色。海竹染色的饰品颜色鲜艳呆板，透明度差，有明显突起的纵纹。有的甚至在表面涂一层类似油漆的东西，光滑的表面，常把海竹纹理等覆盖。鉴定方法：首先价钱便宜，颜色浓、与天然颜色不一样，染色不均匀，染色较薄的地方露出内部浅色的纹理或肢体。

红珊瑚与海绵珊瑚的区别

海绵珊瑚主要有粉白色、粉色、红色和白色。多孔，具有明显的毛孔为特征。质地松软、粗糙，直接销售的为磨砂状饰品，密度小，质量轻，硬度也小，常常需要充填处理、染色处理，毛孔的地方颜色深。市面上类似东西有多种鲜艳的颜色。

天然红珊瑚鼻烟壶一组

教子成名

天然红珊瑚。公鸡、母鸡和三只小鸡，雕工精美，栩栩如生

4. 珊瑚的优化处理及鉴别

目前市场上珊瑚常见的优化处理主要有漂白、染色、充填、覆膜、涂层处理。

漂白处理

珊瑚通常要用双氧水漂白去除杂色，还可将深色珊瑚漂白成浅色珊瑚。黑色珊瑚可漂白成金黄色，暗红色珊瑚可漂白成粉红色。

染色处理

将白色珊瑚浸泡在红色或其它颜色的有机染料中染成相应的颜色。早期染色制品可用有机试剂检测其褪色现象或放大观察染剂在缺陷处的富集现

天然 MOMO 红珊瑚寿星老

象，现代染色制品需进一步鉴别其有机染剂的成分。

填充珊瑚染色：将质地疏松的浅海造礁珊瑚用注胶方式填充染色而成。表面光滑，粗糙易碎，颜色易褪变，填充处颜色和整体珊瑚不同。合成珊瑚染色：将各种贝类或造礁珊瑚研成粉末，再塑注成各样珊瑚的形状。没有自然纹理，颜色易褪变，这种方式造出的"珊瑚"几乎每件都相同。

充填处理

用高分子聚合物充填多孔的劣质珊瑚。充填处理的珊瑚，密度低于正常珊瑚。热针实验有胶析出。

覆膜处理

对质地疏松或颜色较差的珊瑚进行覆膜处理，常见的覆膜处理的是黑珊瑚。覆膜黑珊瑚的光泽较强基本上看不出丘疹状突起或突起很平缓。表面有典型的韧性。

涂层珊瑚

最容易以假乱真。它是以劣质珊瑚或白珊瑚为核心，采用特殊涂料与珊瑚粉末层层包裹，并将红珊瑚天然瑕疵（如小白点、小黑点）也加以仿制，有时可以达到以假乱真的程度，一般消费者难以辨别。

（四）珊瑚把玩件价值与收藏

珊瑚的价值是由其品质所决定的，主要从以下几方面：颜色、块度、质地和做工精细程度方面作为评价和判定的依据和准则。

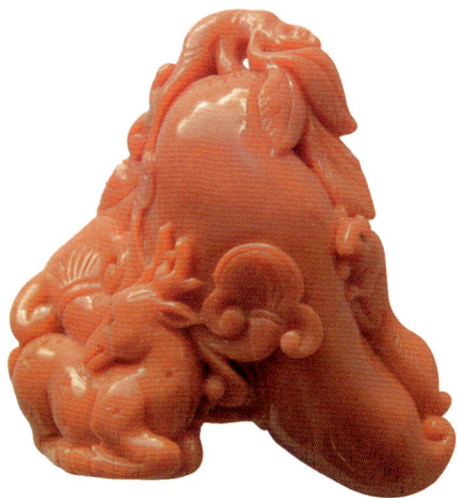

珊瑚人生如意

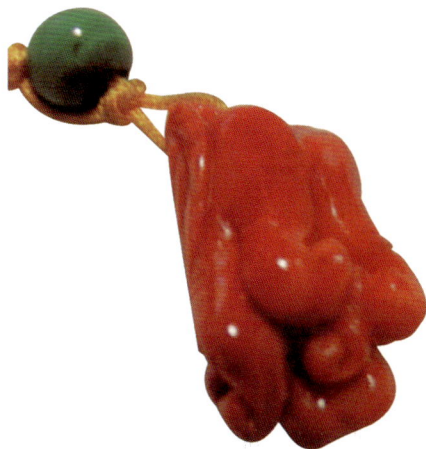

红珊瑚佛手

颜色正红，形态逼真

红珊瑚鼻烟壶一组

红珊瑚茶具一套

精品，来自我国台湾

洗下来。最好的方法是每天晚上用清水冲洗红珊瑚，把沾在上面的汗液清洗掉，不让它起化学反应，就不会出现白色氧化钙。如果已经生成了白色氧化钙

红珊瑚佛珠

红珊瑚烟嘴、手镯

颜色美，雕工更美，来自我国台湾

红珊瑚童趣

颗粒，可用清水冲洗后，用软布擦干，涂上婴儿油，可恢复红色，但这只是补救方法。在人体大量流汗时，不宜长时间接触把玩红珊瑚。

①珊瑚不宜多接触化妆品、香水、酒精、食盐、油污和醋等。珊瑚的结构不致密、有孔隙，不易用重液测密度和折射率，以免污染。

②珊瑚硬度小，收藏时应单独存放，以免被其它宝石划伤。把玩时也尽量不要和硬的东西接触，反复摩擦会损坏珊瑚表面的光滑度和光洁度、亮度。

③防长时间太阳暴晒和高温的烘烤，容易失去水分和光泽甚至褪色。

④清洗方法：珊瑚把玩件脏了，清洗时用中性肥皂水或清水冲洗，然后拿干净棉毛巾擦干即可。

⑤保养方法：用无颜色、无蜡质婴儿油或橄榄油之类少许轻擦，放置一晚即可恢复光彩，严重者可以轻轻进行抛光。

红珊瑚小雕件

二、象牙把玩件鉴赏

一 象牙历史

　　早在周口店的山顶洞人，就以象牙雕刻做装饰品而随葬。在浙江和山东的新石器石代遗址中也有象牙制品出土。历朝历代都有牙雕出现。

　　由于象牙质地细腻温润和特有的牙白色，象牙历来被作为高档饰品，在我国有着悠久的历史。是王室高贵们的首选装饰物，尤其是制作当权者的宝座和笏。在广州象岗山汉代南越王墓的考古发掘中，出土的一捆5支象牙经鉴定为非洲象牙。唐代的象

象牙童子戏佛

雕工细腻，憨态可掬

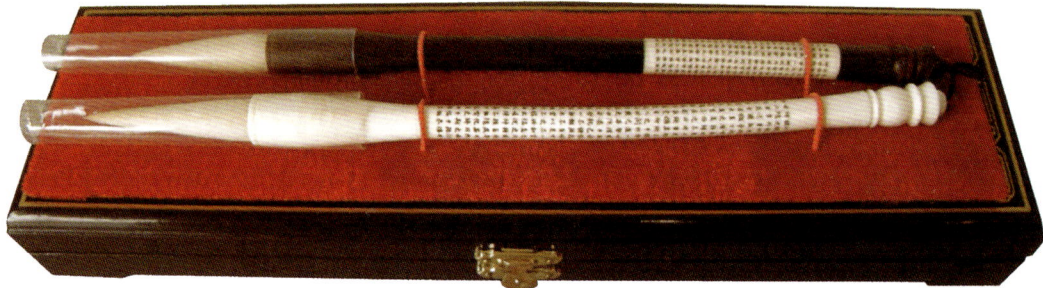

象牙毛笔

牙雕刻制品名扬海内外。宋代的广东艺人就能制作出三层"皆可转动"的名为"鬼功球"的象牙球。到了明、清两代，象牙逐渐丰富使得以象牙为材料的牙雕流行全国，甚至宫廷内专设工厂，制作供皇帝赏玩的象牙雕刻艺术品，其中尤以乾隆年间的牙雕最昌盛。从清代起象牙微型雕刻开始繁荣，涌现出许多微雕名家巨作。当时的北京、上海、广东是全国象牙雕刻中心。

象牙十八罗汉

象牙福禄寿雕件

象牙烟嘴

表面有纵向象牙纹理

把玩件把玩收藏知识百科

北京的雕刻以风格典雅、高贵、庄重称雄全国，上海则以精雕细琢的"象牙细花"小型牙器见长，广州以精细的象牙球出名。我国的牙雕工艺，素以华贵端庄、技艺精湛著称，成为中国工艺美术品中的一朵奇葩。长期大量的使用，促使人们大量的捕杀大象，使大象濒于灭绝。为了保护这种珍奇动物，维护地球的生态系统，今天已有许多国家禁止进行象牙贸易，大象被国际上列为一级保护动物。牙雕艺术品，象牙把玩件也一直是人们喜爱的玩件之一。象的谐音为"祥"，民间传说象牙又具有防毒、辟邪的作用。所以象牙也象征着"长命吉祥"。

二 象牙产地与特性

象牙是象的獠牙，牙齿和獠牙的物质成分是同样的，但功能不同。牙齿是用来咀嚼的，獠牙是伸长的，伸出嘴唇的牙齿，它们从牙齿演化出来，一般作为防御武器。象牙的化学成分是由磷酸盐和有机质的胶质蛋白和弹性蛋白组成。象牙一般呈弧形弯曲的角状，从牙尖到牙根逐渐变粗。但是牙的几乎一半长度是中空的，长度从几十厘米到两米。象牙的横截面是圆形或近圆形，横截面上具有特征的旋转引擎纹理线，即两组交叉纹理线以大于115°或小于65°角相交组成的菱形图案。象牙从横截面上看，从里到外可分为四层：最内层为致密状或空腔；次内层为细交叉纹理线，交角为120°纹理线间距窄；次外层为粗交叉纹理线，交角124°，纹理线间距较宽；最外层为致密块状或同心层状，

龙雕象牙印章
底部有象牙纹理

很薄，0.5～3毫米。象牙的纵切面呈现近于平行的波纹线。象牙的主要颜色是白色、奶白色、瓷白色、淡玫瑰白色。偶见浅金黄色、淡黄色、黄色、褐黄色。

史前象牙常呈蓝色，偶尔呈绿色。油脂光泽到蜡状光泽。透明到不透明，多不透明。折射率是1.535～1.540，通常测得为1.54。密度1.7～2.00克／立方厘米，通常测得为1.85。韧性极好，是雕刻的好材料。遇酸不会褪色，加热会引起收缩。象牙主要产于非洲坦桑尼亚、塞内加尔和埃塞俄比亚、东南亚的斯里兰卡、泰国、印度、缅甸及我国的云南省。非洲象牙较长，多呈淡黄色，质地细密，光泽好，硬度高，但在气温悬殊变化的情况下易产生裂纹。亚洲的母象不生牙。亚洲各地所产象牙的颜

色比较白，但一段时间后会逐渐老化，颜色泛黄，光泽亦差，其牙质的硬度低于非洲牙。

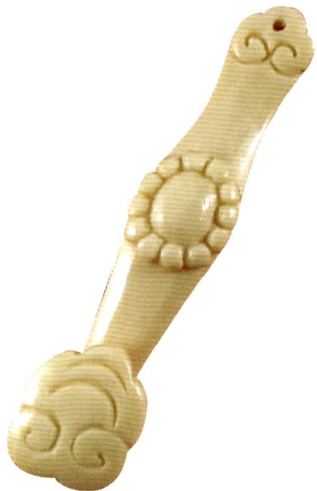

象牙如意

象牙雕寿星老

三　象牙种类与鉴别

1. 象牙的品种

主要有非洲象牙、亚洲象牙和猛犸象牙。非洲象牙是非洲的公象和母象的长牙和小牙。有白色、绿色等色，质地细腻。最美、最好的是绿色象牙，产于坦桑尼亚的潘家里附近。

象牙龙凤对章

亚洲象牙是亚洲的公象和母象的长牙，颜色一般很白，最贵重的是淡玫瑰白色，质地较疏松，容易变黄。

棕榈坚果、疣猪牙、塑料等。其实每一种牙仔细观察都与象牙有不同之处。河马牙的横截面是密集排列的略呈波纹状的同心线，折射率为1.545，密度1.80～1.95克/立方厘米。一角鲸牙横截面呈带棱角的同心环，而且是中空的。纵切面比象牙有更多的分枝。折射率为1.56，比象牙高。海象牙明显的分为内外两部分，内部有大理岩状或瘤状外观，结构粗糙。折射率1.55～1.57，密度1.90～2.00克/立方厘米。骨制品具有空心管状构造。棕榈坚果又叫植物象牙，其横切面上是蜂窝状结构，纵切面为平行粗直线。密度是1.40～1.43克/立方厘米，比象牙低。这种棕榈坚果主要产于巴西、埃及和中非。疣猪牙的波纹线较平缓，横切面为三角形，部分中空，折射率1.56，密度1.95克/立方厘米。塑料制品无交叉纹理，其折射率1.50，密度1.25～1.50克/立方厘米均比象牙低。

象牙圆形章

猛犸象牙是猛犸象的长牙，猛犸象也叫长毛象，是一种巨大的动物，它们统治了北半球几百万年。猛犸象和现在的大象拥有共同的祖先，这两个物种是在500万年前分化出来的。大象一直繁衍到今天，由于种种原因，猛犸象却灭绝了。现在发现的猛犸象牙是一种石化牙，外观与象牙相似，常有指向外表面的裂纹。折射率为1.54，密度为1.8克/立方厘米。

2. 象牙的鉴定

（1）象牙与相似品的鉴定

由于象牙的高贵和被保护，使得象牙稀缺，与此同时市场上出现了许多与象牙相似的品种。这些品种主要有河马牙、一角鲸牙、海象牙、骨制品、

象牙笔筒

（2）象牙工艺品老化的鉴定

观察象牙本身的颜色和断裂纹，象牙雕刻艺术品的表皮年代久了都会老化，即表面开始泛黄，再由淡黄逐渐变成姜黄、深黄，直至浅棕色。同一件象牙器上，颜色往往深浅不一。随着颜色的变化，牙器的表面还会出现一根根短头发丝样的小裂纹，也有称之为"雀丝"。牙器的年代越久远，雀丝就越多、越黑、越深和越长。做旧的象牙器物，表皮有色却无光，无包浆，雀丝的裂痕亦不自然，嗅之，有一种烟味。

象牙佛珠

可见象牙纹理

象牙知了

象牙网纹清晰，雕工精美

四 象牙优化处理及其鉴定

象牙优化处理主要是漂白、浸蜡和染色。

1. 漂白

新鲜的具有黄色的象牙或陈旧变黄的象牙制品，可以进行漂白，利用漂白液等具有氧化的试剂与存在于象牙间隙里的有机质作用，使蛋白质中的着色物质发生反应生成简单的有机物溶解出来，或破坏其着色物的结构，使其颜色褪去或发生改变达到优化的效果。不易检测到。

2. 浸蜡

象牙表面浸蜡以增强光泽，改善外观。鉴别时可见表面蜡感。

3. 染色

染色象牙只要染色溶液的浓度、温度、时间适当，可染成各种颜色。我们在市场上，常常会看到一些故意做旧的象牙雕刻品，其材料本身是象牙，而且新象牙，为了冒充旧牙雕，通过各种手段，使新象牙牙色变得旧黄，以假冒古董而获取厚利。在鉴别牙色时，放大检查可见颜色沿结构纹聚集或见色斑。鉴定牙的老旧时我们可以察看牙的底部或内部，观其颜色老化的变化程度与表面是否一致。经人工染色做旧的象牙，一般在处理过程中无法将器表和内部深处的颜色做成两样，而自然老旧变色的象牙却有此方面的差异，这就为我们鉴别象牙到底是自然泛黄还是人工做出来的，提供了一个标志。

五 象牙把玩件价值与收藏

随着全球自然生存环境的变化，我国于1990年6月1日停止从非洲直接进口象牙，1991年全面禁止了象牙或其制品的国际贸易。此后，我国一律不批准任何商业性进口象牙的活动。近年来，随着禁止象牙贸易带来了象牙原料的缺乏，象牙工艺品近年来升值很快，以前一般质量的象牙制品仅卖几百元，上千元的就算不错的了。现在，一件普通的象牙工艺品开价就是数千元，如果是大师的作品，更是要价上万元，甚至几十万元。收藏爱好者也应提高警惕，随着象牙工艺品的不断升值，鱼目混珠的"象牙"也越来越多，古玩市场里也有不少假冒伪劣产品。由于古董牙雕类进入市场的数量非常少，古玩市场上常见的牙雕艺术品一般都是现代作品，材料主要是非洲象牙。

◎**象牙质量的评价：**从颜色、块度、质地和做工精细程度方面进行。颜色罕见或白色颜色以色纯正、质地致密、坚韧、纹理线细者为佳，越大越白越好。非洲象牙以罕见的绿色为极品，亚洲象牙以淡玫瑰白色为珍品。质量大、做工精细的为优质品。颜色发黄，块体小，结构疏松的象牙价值低。由于象牙是大象身上最坚固的部分，外观光洁如玉，坚实耐用，其珍贵程度可与其它宝玉石媲美，再加上精美的雕刻艺术，备受收藏家珍爱，成为独具特色的品种之一。不论从材质、工艺的性价比上，象牙雕刻都存在着上升的空间。再加上象牙资源的稀缺性、制品的珍贵性，存量的有限性，这些都为其后市行情看涨预留了无限空间。

六 象牙把玩件保养

象牙是象身上最坚固的部分，精美、耐用、珍贵。在气温悬殊不定、过于干燥时，会导致龟裂、老化、脆化。因此象牙制品的养护一定要注意以下几个方面：

鼠

兔

牛

龙

虎

蛇

马

鸡

羊

狗

猴

猪

象牙皇帝、皇后

雕工精美

象牙扇

①象牙制品平时可置于软布盒中，放上防蛀药块。存放环境应尽可能保持恒温。

象牙童子戏佛

象牙观音

②象牙制品对湿度的变化尤其敏感，因为其不仅自身含有一定量的水分，而且还具有吸水性，会随环境的改变而吸收或释放水分，体积也会随之膨胀或收缩，因此存放象牙制品时周围环境的相对湿度应维持在55%～60%。简单的做法是在其附近常置放一杯清水，不可以放在有风的地方。

③象牙制品表面沾上的灰尘，可用毛刷刷除，但若沾上油渍或顽固性污垢，则需要用温肥皂水轻轻刷洗，洗后及时擦干，以防器物翘起或张开。

象牙如意佛

蜜蜡琥珀佛珠

人间互赠的信物。琥珀有着高贵、古典、含蓄的美丽。它也用来作为交换货物的钱币。曾经一个时期，罗马人习惯在手里拿一块小琥珀，琥珀随着手掌温度的温暖会发出一种淡淡的芳香味。自十三世纪以来，琥珀大量用作装饰品，主要由一大块琥珀雕成，然后再嵌有金银细丝和宝石。如化妆盒和女帽箱、眼镜框、高脚杯等。柏林、莫斯科等地的博物馆里都收藏有非常美丽的古代琥珀工艺品。

三、琥珀把玩件鉴赏

淡黄，晶莹剔透
琥珀观音

琥珀佛
蜡状光泽

一 琥珀历史

经过在大自然中几千万年以上的演变而形成的琥珀，自古以来是欧洲贵族佩戴的传统饰品。琥珀是欧洲文化的一部分，欧洲人对琥珀的迷恋就像中国人对玉的钟爱。古时候在欧洲，只有皇室才能拥有琥珀，琥珀被用来装点皇宫和议院，成为一种身份的象征。琥珀也被作为情人间相互的信物，就像今天的钻石一样作为结婚的信物。人们用大颗的琥珀珠串成婚礼项链作为结婚时必备的贵重珠宝和情

221

气泡最多。当树脂是从一个阴凉的部位产生的时候，最后所形成的琥珀会成为透明琥珀，因为这种情况下树脂挥发得非常缓慢，不会产生大量小气泡而使琥珀变混浊，从而保持了透明的状态。如果树脂是连续不断流出并互相叠合在一起，则会在琥珀中形成许多叶状结构——琥珀中常见的包裹体，即我们通常所说的太阳花。旋涡纹多在昆虫或植物碎片周围。裂纹在琥珀中经常可见，而且多被褐色的铁质和黑色的杂质充填，杂质常充填在琥珀的裂隙和空洞中，这些杂质主要是些泥土、沙砾、碎屑。

绿珀、灵珀、花珀、水珀、明珀、蜡珀、红松脂等类型。

血珀

通体均匀，透亮，颜色较好

琥珀巧雕

雕有佛、钱串、桃、蝙蝠

琥珀佛巧色雕件

三 琥珀种类与鉴别

　　目前，我国珠宝行业国家标准关于琥珀还没有进一步的分类。但根据颜色、成因、不同的特征和珠宝商业的一些习惯分类，琥珀主要类型有血珀、金珀、蜜蜡、金绞蜜、香珀、虫珀、石珀、蓝珀、

1. 血珀

　　天然血珀顾名思义就是颜色像血似的红色的琥珀，也称红琥珀或红珀。红琥珀，红色透明，色红像血一样是上品。血珀有天然血珀、天然翳珀和烤制之分，同为天然或烤制也有好坏之分。天然形成

的红色琥珀极其稀少，大概占总量的 0.5%。这种红颜色的琥珀大多数是靠人工热处理来获得的（加速氧化作用）。当然在空气中自然氧化也会逐渐改变琥珀颜色，"老"琥珀的颜色都是经过了非常漫长的时间的历练而变得更红。如果能感觉到颜色有明显改变大概需要 50～70 年时间。好的血珀是极品。因造假比较难，又稀少所以价格当然也就会更高。血珀质量好坏主要看色彩、透明度和纯净度（里面有无杂质）。同样是血珀，颜色鲜红、透明度高、里面毫无杂质的为上品。天然翳珀是正常光线下是黑色，透光观看或强光下是红色。翳珀的价格比红琥珀价格低。

2. 金珀

金黄色透明的琥珀，特点是金灿灿如黄金的颜色，散发着金色光芒，透明度非常高。最名贵的琥珀。

金珀观音

晶莹剔透，无瑕

3. 蜜蜡

过去的人们甚至国外的一些人一直都认为蜜蜡不是琥珀，认为琥珀和蜜蜡不是一种东西，我国国家系统宝石学把蜜蜡化归于琥珀的一个品种。蜜蜡是半透明 - 不透明的琥珀。有各种颜色，其中金黄色、棕黄色、蛋黄色等黄色最为普遍。有蜡状感，光泽以蜡状光泽 - 树脂光泽为主，也有玻璃光泽的。有时呈现出玛瑙一样的花纹。由于内部含有大量的气泡，当光线照射时，其中的气泡将光线散射，使琥珀呈现不透明的黄色。这种琥珀中每立方毫米大约能有 2500 个直径在 0.05～0.0025 毫米之间的微小气泡。气泡的数量越多，琥珀的颜色越浅。

4. 金绞蜜

透明的金珀和半透明的蜜蜡相互绞缠在一起形成一种黄色的具交缠状花纹的琥珀。

密蜡小雕件

色泽鲜艳，蜡状光泽，精美无瑕

把玩件把玩收藏知识百科

5. 香珀

具有香味的琥珀。但现在市场上有好多琥珀是由于加了香料而称为香珀。

6. 虫珀

含有动物、植物遗体的琥珀，其中以包含小的动物遗体如蚊子、蜜蜂、苍蝇等最为名贵。但是，琥珀里的小昆虫是如何包在里面的？这是一个比较复杂同时又非常巧合的过程。当黏稠状的树脂沿着树干流淌下来，在树脂凝固之前，正好有昆虫在此飞翔盘旋，在无意的飞行过程中不留神被粘在树脂上，或者是昆虫闻到树脂的香味向这里飞来，本想美美的大餐一顿，结果被树脂粘住。接着树干上的树脂又沿着先前的路线流下来，昆虫耗尽所有力气进行挣扎，最终也没能逃脱黏糊糊的树脂，最后就成为琥珀中的昆虫。后来经过地质作用，早先的树木连同树脂一同被埋在地下，经过千万年的变迁，就是今天看到的琥珀。其中以"琥珀藏锋"、"琥珀藏蚊"、"琥珀藏蝇"等较为珍贵。

不可思议是有的琥珀中却含有水生的动物。树脂与水无法相融，为什么琥珀中经常包含着微小的水生动物。德国柏林国家历史博物馆的专家说：数百万年前，许多树脂从远古松树林中落下，其中靠近池塘的松树落下的许多树脂都掉在池塘之中，这些树脂因无法与水相融便漂浮在水面上。在池塘中栖息生存着许多微小的水生动物，如水蟓是一种在水中快速游动的生物，当它们快速穿过水面时，很容易接触到落在水面上的树脂，树脂的强黏合睚将水蟓的身体很快粘住，水蟓越用力挣扎，树脂就越

紧紧地将它包裹起来，最终水蟓在树脂的包裹下慢慢地死去，最终形成现在的含有水蟓的琥珀。

哥伦比亚虫珀

7. 石珀

有一定的石化，硬度比其它琥珀大，色黄而坚润的琥珀。

8. 蓝珀

蓝珀相当罕见，价值极高，正常情况下，蓝珀看起来并不是蓝色的，棕色有点紫，在普通光线下转动，在角度适当时，它会呈现蓝色，再变换角度时，蓝色又会消失，当主光源位于其后方时，它的光线最蓝。但也有极少数的蓝琥珀本身就是蓝色。另外，含杂质较多的蓝琥珀的蓝色更为明显。蓝珀以产于

中美洲的多米尼加而著名。蓝色是最为稀少、最有价值的琥珀颜色，仅占总量的0.2%。有时与白色琥珀伴生。关于多米尼加蓝琥珀的起源与形成过程学者们提出了诸多理论，有观点认为是火山爆发时的高温使琥珀变软，并使附近的矿物融入其中，冷却后琥珀再次形成。另一观点认为多米尼加蓝琥珀的形成是由于松柏科树脂中含有碳氢化合物，由于这些碳氢化合物使得多米尼加琥珀有了与众不同的蓝色。同时含有芳香族的碳氢化合物给多米尼加的蓝琥珀增添了一股芳香气味。当对蓝琥珀进行加工和雕刻时这股芳香味格外冲鼻。这亦是琥珀品种中独一无二的特征。蓝琥珀还有一个特性：它极少内含昆虫、植物、气泡。人们曾经发现极少数的蓝琥珀内含昆虫，但都已被极度压缩至几乎不可辨。正常的蓝琥珀本身不会有结晶花产生。

蓝珀

荧光灯下显蓝色

9. 绿珀

绿色透明的琥珀。当琥珀中混有微小的植物残枝碎片或硫化铁矿物时，琥珀会显示绿色。绿色是很稀少的琥珀颜色，约占琥珀总量的2%。

绿珀

色泽明亮，晶莹剔透

10. 灵珀

黄色透明的琥珀，是名贵的优质品种。

11. 明珀

晶莹润泽，色黄或红黄色，性若松香。

12. 水珀

浅黄色透明度较高的琥珀。

13. 花珀

黄白或红白相间、颜色不均匀的琥珀。

花珀

色泽明亮，内有琥珀花

14. 蜡珀

蜡黄色，具蜡状感，因含有大量气泡，故透明度较差，密度也较低。

15. 红松脂

淡红色，性脆，半透明且浑浊。

16. 白琥珀

白色也是很稀少的颜色，约占总量的 1%～2%。以其天然多变的纹路为特征。这种琥珀也被称为"皇家琥珀"或者"骨珀"。它可以与多种颜色伴生（例如黄色、黑色、蓝色、绿色），形成美丽的图案。这种琥珀每立方毫米含的气泡数可以达到 1 百万个，直径在 0.001～0.0008 毫米，由于对光的散射从而使琥珀变成白色。

琥珀莲鱼

巧雕，颜色美，造型美

世界上琥珀集中产出的地方有波罗的海沿岸的俄罗斯、德国、波兰、英国、法国、罗马尼亚、意大利的西西里岛，美国的新泽西州、怀俄明州、阿拉斯加州及日本、印度等也是重要的琥珀产地。丹麦是世界上第一个发现琥珀的国家。波罗的海海滨琥珀矿里精品较多，其中 20% 可以用来做首饰。波罗的海琥珀的特点是琥珀品质好，产量大，块度大、质地透明、半透明、不透明，颜色好，有黄、红、褐、白、蓝、绿色，琥珀品种繁多，常形成含各种动植物包体的琥珀。波罗的海的琥珀是世界上最好的琥珀，世界上几乎 90% 的琥珀出自于这里。其中以波兰的琥珀产量最大，其他波罗的海地区虽然也有琥珀但是相对产量少得多。琥珀花是波兰琥珀独有的特点，其美丽程度是其它产地的琥珀望尘莫及的。

俄罗斯琥珀储量占世界储量的 90% 在俄罗斯加里宁格勒的琥珀矿，琥珀层厚度有 3 米。意大利两西里岛琥珀多为橘色或是红色，也有绿色、蓝色和黑色。西西里岛也是蓝色琥珀和绿色琥珀的重要产地。这里蜜蜡较少见，都是透明的。年龄约是 6 千万～ 9 千万年。

琥珀念珠

琥珀寿星

琥珀猴桃雕件

颜色偏淡

美洲是世界上出产琥珀的第二重要区域，其中南美的多米尼加是琥珀的最著名的产地之一。多米尼加的琥珀的特点是常含有各种生物，有千奇百怪的珍贵昆虫化石，还有植物的叶及花，鸟的羽毛及哺乳动物的毛。多米尼加的虫珀以质量上乘，内含物种丰富，虫体保存完好成为虫珀收藏中的精品。形成于距今三千万年的地层中。由于其形成的地质条件不同，出产的琥珀除了黄颜色以外，还有珍贵的蓝琥珀、绿琥珀、樱桃色琥珀和红琥珀。多米尼加琥珀最著名的要数蓝珀，在国内市场上还没有见到明显的蓝珀，蓝琥珀产量稀少，供不应求。多米尼加由于对琥珀出口进行限制，所以本地产的蓝琥珀价格一直居高不下。

新西兰产大量的树脂，树脂内含有丰富的动植物包体，与天然琥珀非常相似，但由于形成时间仅有百万年左右，不能算作琥珀，叫柯巴树脂。树脂是琥珀的主要矿物成分，是透明浅黄色的物质，颜色像新鲜的蜂蜜一样。

罗马尼亚出产的琥珀，颜色之多居世界之首，有深棕色、黄褐色、深绿色、深红色和黑色等，都属于深色系列，原因是琥珀矿区含有大量的煤和黄铁矿会加深琥珀的颜色。罗马尼亚琥珀中以黑琥珀最为珍贵，在黄光照射下则呈现枣红色。罗马尼亚有一种独一无二的琥珀，颜色介于棕色和绿色之间，燃烧时会发出呛鼻的硫磺味，熔点在摄氏 300 度至 310 度之间。罗马尼亚琥珀的密度是 1.048 克 / 立方厘米，略低于波罗的海琥珀，硬度则略高于波罗的海琥珀。罗马尼亚的红棕色琥珀，在紫外线照射下，会产生蓝色荧光，这种现象和多米尼加的蓝色琥珀相同，在紫外线照射时，都会产生相同的蓝色荧光。

缅甸琥珀主要是暗橘或是暗红色，琥珀中包含有植物碎片。缅甸琥珀多数开采于 20 世纪初的北缅甸。据科学测试缅甸琥珀含有海底微小生物化石和绝种的昆虫种类，它们的年龄在 6 千万到 1.2 亿年左右。

琥珀手把件招财进宝

亮丽无瑕

琥珀手把件金玉满堂

此外，墨西哥、阿根廷、巴西、智利、厄瓜多尔、委内瑞拉等国都有琥珀产地。

中国有较多出产琥珀的地方，如河南、辽宁和云南。河南西峡县的琥珀主要分布在灰绿色和灰黑色细沙岩中，面积达 600 平方公里。呈瘤状、窝状产出，每一窝的产量从几公斤到几十公斤，琥珀大小几厘米到几十厘米。颜色有黄色、褐黄和黑色，半透明到透明。内部偶然可见昆虫包体，大多数琥珀中含有砂岩及方解石和石英包体。该地琥珀在过去主要用来做药用资源，1953 年后开始用作工艺品，现每年有上千公斤的产量。1980 年曾采到一块重 5.8 公斤（即千克）大的琥珀。

辽宁抚顺的琥珀产于第三纪煤层中，也有一些琥珀产于煤层顶板的煤矸石之中，灰褐色煤矸石中

保存的颗粒状琥珀呈金黄色，密度、硬度较大。抚顺煤田的琥珀呈块状、粒状，质量优，数量多，与波罗的海的琥珀相似，透明－半透明，有血红、金黄、密黄、棕黄和黄白等多种颜色，也发现有昆虫或植物包体的珍贵琥珀——虫珀，但量少。抚顺琥珀的地质年代统一第三纪，比波罗的海的琥珀时间统一，而且早，在研究方面价值要高。由于地热的原因，抚顺的琥珀颜色多样，虫珀中的昆虫比波罗的海琥珀中的虫要明显干瘪（因为埋藏时间要长）。由于近几年矿已枯竭，琥珀及煤精已很少出产，现已基本上采绝挖尽了。有的人已把琥珀、煤精作为收藏，而且价格比其它产地的琥珀都高。抚顺琥珀具有强树脂光泽，透明，硬度 2～2.5，密度 1.1～1.16 克／立方厘米，折射率为 1.539～1.545，150 摄氏度软化，300 摄氏度熔融燃烧，有芳香味。

四 琥珀鉴定技法

琥珀的鉴定相对于其它宝石是比较难的，难在琥珀的熔点低，酒精灯的热度就可把其熔化。所以给鉴定带来一些困难，但大量的实践和仔细观察，再结合一些方法还是对琥珀能够鉴定出来的。其具体测试方法如下。

1. 观察试验

琥珀透明温润，从不同的方向观察琥珀有不同的效果。仿琥珀要么很透明要么不透明，颜色呆板、感觉不自然。再造琥珀内部的气泡通常会被压扁而成长条形，天然琥珀的内部气泡是圆形。

2. 测密度

琥珀的密度为 1.08 克／立方厘米，质地很轻，可在饱和盐水中悬浮（一般是 1：4 的盐水即达到饱和），其它如塑料等仿制品的密度大在饱和盐水中会下沉。

琥珀佛

蜜蜡，颜色亮丽无瑕

蜜蜡琥珀佛珠

3. 加热或热针测试

用打火机直接烧烫琥珀的表皮，会有松香味、色变黑。也可用一根细针，烧红后刺入蜜蜡或琥珀，然后趁热拉出，若产生黑色的烟及一股带着松香气味的就是真琥珀。若是冒白烟并产生塑胶辛辣味的即是塑料的制品，另外在拉出针时，塑料品会局部溶化而粘住针头，会"牵丝"出来，琥珀则不会。

市场上的假琥珀

4. 乙醚试验、红外光谱

在不影响琥珀外观的不起眼的位置滴一滴乙醚，停留几分钟，或用手搓，琥珀不会有任何反应，而柯巴树脂则会腐蚀变黏。乙醚挥发后，琥珀不会有任何反应，而柯巴树脂则会腐蚀，会在其表面留下一个斑点。由于乙醚挥发十分快，有时必须用一大滴乙醚，或不断地补充。再造琥珀虽然外观很接近天然琥珀，但是如果抹上一点乙醚，几分钟后就会有发黏被溶解的感觉。而柯巴树脂对酒精也非常敏感，表面滴酒精后就会变得发黏或不透明。另外柯巴树脂的红外光谱与琥珀有较大的差异。

5. 声音测试

无镶嵌的琥珀珠子放在手中轻轻揉动，会发出很柔和略带沉闷的声响，如果塑料或树脂的声音则比较清脆。

6. 测折射率

琥珀是一种非晶质物质，所以是各向同性的，折射率通常是 1.54。而一般塑料等仿制品的折射率在 1.50 ～ 1.66 之间变化，很少有与琥珀接近的折射率。

7. 硬度试验

用针轻轻斜刺琥珀背面时（在琥珀不起眼的位置）会感到有轻微的暴裂感和十分细小的粉渣。如果是硬度不同的塑料或别的物质，要么是扎不动，要么是很黏的感觉甚至扎进去。

五 琥珀把玩件价值与收藏

琥珀的评估应从颜色、块度、透明度、内部包裹物、净度、光泽这几个方面来判定。琥珀颜色浓正、无杂质、无裂纹者为佳。琥珀真正的瑕疵有裂痕、坑洞、杂质。琥珀颜色以绿色和透明红色为1最好。金珀是珍贵优质琥珀。蓝色琥珀稀少，为珍品。质量一般要达到一定块度，块度越大越好。透明度越高越好。蜜蜡通常比一般的琥珀价值高。最贵重的品种是包裹含昆虫的琥珀，虫珀依昆虫的清晰程度、形状大小、颜色决定其经济价值。昆虫完整、清晰、形态栩栩如生、个体大而且数量多，虫珀的价格高。

目前，由于市场上中低档琥珀需求量很大，特别是一些流行饰物的用量较大。天然琥珀质量不佳，

为了提高琥珀的质量或利用价值，常对琥珀进行优化处理。市场催生了琥珀处理技术的发展，于是市场出现了优化处理琥珀。目前琥珀的优化处理主要有热处理琥珀、再造琥珀、染色处理琥珀、覆膜处理。

琥珀寿桃

蜜蜡，桃尖橘黄，好似熟透的金色寿桃

1. 热处理

琥珀的热处理主要目的是为增加琥珀块的透明度，改变颜色以达到想要的颜色，或使颜色均匀，达到某种视觉效果使其产生"太阳花"。为了达到上述效果，将云雾状的琥珀放入植物油中加热，加热后的琥珀变得更加透明，在这过程中会因温度使得琥珀内部的天然气泡产生变化，如膨胀或暴裂，因而形成不同形状的内部花纹，俗称"太阳花"，在光的照射下，闪闪发光。经过热处理的琥珀是属于优化，无需做任何说明可以作为天然宝石一样出售。

2. 烤色处理

仿造大自然的自然氧化过程，即老化琥珀的仿制。使琥珀表面的颜色变红。仍然属于优化。

3. 压清处理

对不透明的琥珀材料进行加压、加温处理，是其内部气泡溢出，变得澄清透明。这种方法仍属于优化。

琥珀雕件莲鱼童子

充分利用外皮形成巧雕

琥珀牡丹

4. 染色处理

染成绿色或其它颜色的，染色属于处理，价格要比天然没有经过染色的便宜。

5. 再造琥珀

由于有些天然的小块琥珀无法加工成饰品，为了利用天然小块的琥珀，因而将这些小块的琥珀在一定的温度和压力下烧结而形成较大块的琥珀，称为再造琥珀，亦称压制琥珀、熔化琥珀或模压琥珀。

天然琥珀念珠

为了保证琥珀的纯度和高的透明度，要先将琥珀提纯。在压制过程中还可添加其它的有机物，如燃料、香精及黏结剂等。目前这个过程是在高压炉里进行的，用高压炉进行优化处理的方法做到了一些过去做不到的事情，例如两块天然琥珀之间可以达到完全无痕的结合。经这种方法制作的琥珀块完全看不出来它们是被粘连在一起的。

再造琥珀鉴别特征

①再造琥珀常含有定向排列的扁平拉长气泡和明显的流动构造或糖浆状搅动构造。琥珀颗粒间可见颜色较深的表面氧化层，有时含有未熔化物质。天然琥珀内的气泡为圆形，含有动植物碎屑。

②放大观察，再造琥珀具有粒状结构或"血丝状"构造，在抛光面上，可见因硬度不同而表现出凹凸不平的界限。

③短波紫外线下，再造琥珀比天然琥珀的荧光强，再造琥珀为明亮的白垩状蓝色荧光，由于荧光的不均匀发现有粒状结构。

④在偏光器下再造琥珀可见应变双折射现象，天然琥珀为单折射。天然琥珀为浅蓝色、白、浅蓝、或浅黄色荧光。再造琥珀的颜色一般为橙黄色或橙色。天然琥珀的颜色有黄色、棕色、红色等。

6. 覆膜处理

主要有两种，一种是在琥珀底部覆有色膜，为了提高浅色琥珀中的"太阳花"的立体感；另一种是在琥珀表面喷涂一层亮光漆，以冒充不同深浅红色的血珀、金珀等。鉴定特征是喷涂的颜色层和原来的琥珀之间无过渡色，而且覆膜的琥珀表面的颜色层浅，只要留意是能够发现的。

7. 充填处理

在琥珀的裂隙或坑洞中充填树脂。鉴定特征是充填的地方有明显的下凹。

8. 压固琥珀

由于树脂的凝固时间不同，可能会形成分层，层与层之间有明显的分界线，这种琥珀脆性大，易碎、难雕刻。所以在加工这种琥珀时，就要进行加温、加压处理，使得分界线界面之间重新熔结变牢固。鉴定特征与再造琥珀有些相似，但压固琥珀有明显的分界线，还有流动状红褐色纹。压固琥珀是天然的分层琥珀，再造琥珀是琥珀碎块熔结的，二者有本质的区别。

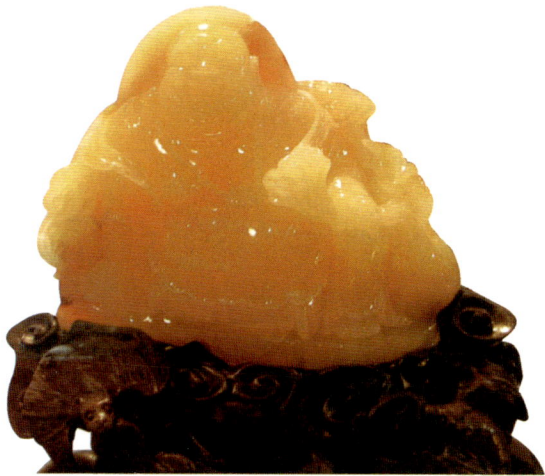

琥珀佛
蜜蜡，颜色较好，略偏淡

六 琥珀把玩件保养

琥珀是一种娇贵的宝石，日常保养和保护直接影响到琥珀的质量和耐久性。

①琥珀不宜接触挥发性、腐蚀性的物质，要远离强酸、强碱，所以下厨做饭或与这些物质有关的工作不适合佩戴。

②琥珀的熔点低，易熔化，怕热，怕暴晒，琥珀制品不能在烈日下暴晒，应避免太阳直接照射。不宜放在高温的地方，不能见明火，更不要摔碰或刀割。

③琥珀属有机质，易溶于有机溶剂，一般情况下不要用重液测密度和浸油测折射率。不要接触喷雾型产品，如发胶、杀虫剂、香水等。

④如果佩戴后想清洗时，用中性清洁剂加温水浸泡，用手搓拭后以清水冲净，然后用眼镜布之类不掉绒毛的软布擦干即可，也可用湿布轻轻擦拭。不要使用超声波的首饰清洁机器去清洗琥珀，可能会将琥珀洗碎。

⑤琥珀的硬度低，单独封装放置，不要与其它首饰放在一起，以免摩擦受损。与硬物的摩擦会使表面毛糙，产生细痕，不要用毛刷或牙刷等硬物清洗琥珀。正常的佩戴与把玩不会造成损伤。

⑥过于干燥易产生裂纹。要尽量避免强烈波动的温差。

⑦琥珀划伤后，在软布上轻轻擦拭后又亮丽如初，最后滴上少量的橄榄油或是茶油轻拭琥珀表面，稍后用布将多余油渍沾掉即可，可恢复光泽。最好的保养方法就是佩戴，因人体含有油脂，可以滋润琥珀。

图书在版编目（CIP）数据

把玩件把玩收藏知识百科／肖秀梅主编. —北京：
文化艺术出版社，2011.9
　ISBN　978-7-5054-1618-2

　Ⅰ.把…　Ⅱ.肖…　Ⅲ.①宝石－收藏知识百科
②玉石－收藏知识百科　Ⅳ.G894

中国版本图书馆 CIP 数据核字（2011）第 036291 号

G 把玩把玩件收藏知识百科
BaWanBaWanJian >>>

编　著：肖秀梅

出　版：中国文化艺术出版社
印　刷：北京鸿达印刷股份有限公司
开　本：635×960mm 1/12
印　张：20
字　数：280 千字
版　次：2011 年 9 月第 1 版
印　次：2011 年 9 月第 1 次印刷
定　价：98.00 元